地势坤，君子以厚德载物。

蒙曼说历史

大隋

兴衰四十年

1

东亚霸权

蒙曼 著

浙江教育出版社 · 杭州

图书在版编目（CIP）数据

大隋兴衰四十年 . 1 / 蒙曼著 . — 杭州 : 浙江教育出版社 , 2020.11（2025.12 重印）
（蒙曼说历史）
ISBN 978-7-5722-0558-3

Ⅰ . ①大… Ⅱ . ①蒙… Ⅲ . ①中国历史—隋代—通俗读物 Ⅳ . ① K241.09

中国版本图书馆 CIP 数据核字（2020）第 135079 号

责任编辑 赵露丹　**美术编辑** 曾国兴
责任校对 马立改　杜　玲　**责任印务** 时小娟
产品经理 魏　帆　魏　强　**特约编辑** 孙悦久

蒙曼说历史
MENG MAN SHUO LISHI
大隋兴衰四十年 1
DASUI XINGSHUAI SISHI NIAN 1

蒙曼　著

出版发行　浙江教育出版社
（杭州市环城北路 177 号　电话：0571-88900883）
印　　刷　河北鹏润印刷有限公司
开　　本　880mm × 1230mm　1/32
成品尺寸　145mm × 210mm
印　　张　9.625
字　　数　198000
版　　次　2020 年 11 月第 1 版
印　　次　2025 年 12 月第 7 次印刷
标准书号　978-7-5722-0558-3
定　　价　45.00 元

如发现印装质量问题，影响阅读，请联系 010-82069336。

再版序

看过去的作品，有点儿像看青年时代的照片。比着剪刀手，穿着过时的衣裳，乍一看几乎认不出来，自家几时有过这般可笑的模样？可是，再一看，那眉眼，那神情，不是自家又是谁呢？只不过是身形再细些，脸庞再鼓些，嘴角再翘些，看起来都是无足轻重的改变，却又是再高级的美颜相机也打造不出来的模样。

我们年轻的时候，只要不是过分自大的人，任谁听说，你现在这个样子最美，都不会轻易承认吧？我们总对自己有各种各样的不满，发型太丑，大腿太粗，笑容太野，这林林总总的问题，难道日后不会一一修正吗？我们都相信，修正了之后的自己才是最好的自己。殊不料，若干年之后，浓密的黑发委了地，肥厚的脂肪上了腰，浅浅绽放的笑容里也多了皱纹的加持——我们一直在努力，却终未长成自己理想的模样。非但没有长成，甚至还多了一点“盛年不重来”的惆怅。所以，人生究竟是用来经历的，还是用来修正的？修正了之后，真的就会更好吗？若并未更好，为什么我们还要汲汲于修正？

这些问题，在此次修正书稿的过程中都曾反复回旋于我的脑海，回旋之后，我的态度是保守的——只美颜，不动刀吧。所谓动刀，就是外科手术式的修正，腿短了接骨，腰粗了去脂，乃至改头换面，重新做人。这样的做法放在书稿上，可能就意味着调结构，换立场，改结论，“不惜以今日之我，难昔日之我”。我固然佩服这样每日精进的锐气，却全无躬身践行的勇气，因为这套书出版近十年来，无论是我自己，还是整个隋唐史学界，对隋代的认识并无突破性进步，在这种情况下贸然伤筋动骨，实恐得不偿失。

尽管如此，美颜还是必要的。当日木兰凯旋，“当窗理云鬓，对镜帖花黄”，曾让多少伙伴惊喜交加：“同行十二年，不知木兰是女郎。”确实，洗去十二年征尘的木兰，在伙伴的眼里，不也恍若脱胎换骨一般吗？把这动人的一幕置换到书稿上来，我也权做画眉张敞，弄粉调朱吧。

首要的“美颜”自然是洗其污垢。其中最大的“污垢”当属隋炀帝陵的位置。史载隋炀帝死后，辗转迁葬雷塘。隋唐时期雷塘的位置久已失载，清嘉庆十二年（1807），大学士阮元经考证，认定扬州市邗江区槐泗镇槐二村的土墩墓即为雷塘隋炀帝陵，并请时任扬州知府伊秉绶立石书碑。阮元为一代学宗，其说一出，几成定论。本书初版之时，也沿袭此说。然天不藏道，地不爱宝，2013年，真正的隋炀帝墓在扬州市邗江区西湖镇司徒村曹庄发掘出土，千载之疑，至此冰释。此番修订，自当存真去伪，改用新说。除此之外，还有若干其他讹谬，此次修订也一并改正。盖史书之事实错误犹如美人之面上污点，这类修正，算是洗了污垢。

其次的“美颜”是增其华彩。原书稿脱胎于《百家讲坛》讲稿，以当时口语成书，虽有“如闻其声”之得，却也有“文不雅驯”之失。此次修订，一律润饰，冀少增文采。这类笔削，散在章章节节，字字句句，看似简单，但操作起来，才真正理解古人“推敲”之不易。盖文辞之简陋伧荒犹如美人之粗服乱头，这类修订，算是施了淡妆。

袁枚诗云：“爱好由来下笔难，一诗千改始心安。阿婆还似初笄女，头未梳成不许看。”想来阿婆白发皤然，纵使梳头，难夸云鬓。但洗面施妆，终是爱己尊人之举，其情可感。俾观者知之，不亦乐乎？

蒙曼

2020 年 3 月 23 日

序言

2011年“五一”的时候，我乘火车过九江，听江声浩荡，不由得想起隋文帝来。

当年，隋朝的大军就是在这里集结，准备过江的。那些从蒙古草原、黄土高原上走下来的将士们，面对这汤汤流水，会是怎样的心情呢？他们是否意识到，自己正在缔造一段崭新的中国史？还有，他们的统帅，隋文帝杨坚，是否足够意识到了自己这个决策的历史价值呢？

那个曾经叫普六茹那罗延的孩子，沾染了一身胡气，文化程度不高，但是拼命想建立一个理想政府，想要像自己心目中的圣君一样，做君临天下的皇帝啊。因为理想高远，所以他克己复礼、励精图治，这让他远远地超越了侪辈，成为中国历史上贡献最大的英主之一，也让他的王朝能够凌驾于乱象丛生的魏晋南北朝之上，和唐朝一起，共同构成中国历史上最繁盛的时代。以功业而言，这是一个配得上“千古一帝”称号的皇帝。

但是，这只是隋文帝的一面，正如惊世的武功、焕然的典章、干云的豪气，也只是隋朝的一面一样。隋文帝的另一面，大概是冷硬与无趣吧。隋文帝有一点音乐素养，谱过两支曲子，一支叫

《天高》，另一支叫《地厚》。曲子的具体韵律当然早已无从知晓，但是，其精神基调，据说是在赞美帝王之道与后妃之德。

这样的艺术品位与生活情趣，争如唐朝的风流天子李隆基！当年，李隆基潇洒地对大臣讲，“吾得贵妃，如得至宝”，一曲《得宝子》由此诞生。一个一脸严肃，另一个满面春风；一个谆谆教诲，另一个浅吟低唱，谁能阻止我们私心爱慕李三郎呢！甚至连他和杨贵妃的不伦之恋，我们都能拔高为“在天愿作比翼鸟，在地愿为连理枝”的千古绝唱，而隋文帝终其一生，和老妻独孤伽罗同眠同起，言笑晏晏，反倒成为怕老婆的笑柄。唉，人啊人。

但是要注意，我并非一味地给隋文帝鸣不平。我知道，人们不太喜欢隋文帝，并不真的因为他为人过于严肃，更不是因为他坚守一夫一妻的道德原则，而是因为，他的内心缺乏一种柔度，缺乏一种对人的真实同情。他有理想，就要求全国人民和他一样有理想；他有道德，就要求全国人民和他一样有道德；而且，在内容与程度上都不允许有任何差异。这种信念过了头，就把人变成了机器。

这种机器一般的感觉，体现在他苛责儿子，不教而杀上；也体现在他为了确保仓库的存粮量，宁可和百姓一起逃荒，也不肯开仓放粮上，甚至还体现在里坊森列，严整如棋局般的大兴城上。他建立了那么多好制度，却没有真正弄清楚，所有的制度都是为人服务的。

恰恰相反，他一心希望把所有的人都约束在规范之下，而当这个规范无限大的时候，人就会被压缩得无限小，小到如同蚂蚁一般，这不就成了时代之殇吗？

这样的价值取向，让隋文帝可以成为有为的君主，但不会是有道的君主，更不会是有情的君主。这样的统治方式，也使整个大隋王朝陷入了一种只有气度而没有温度的迷局。这是隋朝如流星般焕发出瞬间光彩的依据，同时也是它如流星般瞬间陨落的根源吧。

由隋文帝，我又不免想到隋炀帝。

我觉得，隋朝最有魅力的两位男士，一位是隋炀帝，另一位是隋炀帝的功臣——杨素。

谁不知道风尘三侠的故事呢？红拂女、李靖和虬髯客，多么迷人的武侠经典！问题是，如果没有杨素放行，身为杨府家伎的红拂怎么能夜奔成功呢？谁又不知道破镜重圆的故事呢？落魄的徐德言、已经沦为侍妾的乐昌公主，如果不是杨素慷慨玉成，单凭一块破镜、一段痴情，怎么敌得过世事沧桑、陵谷变迁！隋炀帝就更不用说了，那样的美男子，那样的大诗人。他的《饮马长城窟行》，“肃肃秋风起，悠悠行万里。万里何所行，横漠筑长城”。慷慨质朴，直逼魏武帝曹操。难怪他会自负地说：“天下皆谓朕承藉绪余而有四海，设令朕与士大夫高选，亦当为天子矣。”天下都说我是因为我爸是皇帝才当上皇帝的，其实不然，如果让我和天下文人士大夫比才学，我还是皇帝！这样的霸气，这样的才情，再配上东狩西巡、倚红偎翠的事迹，谁能否认他的魅力呢？

可是，就是这样两位潇洒倜傥的美男子，就是这些熠熠生辉的风流佳话，却也拖着那么浓厚的阴影！当我们津津乐道于杨素的慈悲时，会不会想起他的敢死队中，那些只许进、不许退的普通战士？或者，当我们陶醉于隋炀帝的风采时，会不会想起在他改天换地的急政之下，那些扔下锄头、离开家乡、开河筑堤、转死沟壑的平凡农夫呢？慷慨悲歌的英雄背后，是千千万万个很难发出声音的愚夫愚妇吧！但是，一旦他们发出声音，那可就是惊天动地的呐喊了。

这呐喊声最后消失在唐朝，消失在唐朝初年的仁政里。我们都知道一句话，叫唐承隋制。唐朝保留了隋朝所有的好制度，只是增加了一条“水则载舟，水则覆舟”的深刻认识而已。常常听人议论唐朝的豪迈气象，但是我倒觉得，隋朝是刚，唐朝是柔；隋朝是骨，唐朝是肉。刚柔并济、骨肉相连的时候，中国历史上最强盛的时段——隋唐盛世才真正诞生。千载之后的我们，面对这段历史，除了惊叹与艳羡之外，是否还可以有更深的思考呢？

写到这里，我再一次深感幸福，探索历史的幸福。历史总让人升腾起理想，又让人产生回到现实的力量。就是这深邃而厚重的历史让我们知道，不管理想有多高远，在现实世界中，我们都得一步步走过，不能跑，更不能飞；也是同样的历史让我们知道，如果没有高远的理想，我们甚至连下一步都无从落脚，只能在歧路徘徊。

蒙曼

2011 年 6 月于京西寓所

目录

杨坚，大隋王朝的开国皇帝，和历史上很多开国皇帝一样，有着传奇的人生经历。其中一个传奇就是，他虽然出身关陇贵族，却是一个生在寺院，由尼姑抚养长大的孩子。这段奇特的经历是什么原因造成的？它给杨坚后来的人生带来了怎样的影响？

杨坚十四岁正式步入仕途，此时的中国刚刚经历了一次重大的政治变故——西魏政权被北周取代，江山易主，权臣更迭。整整八年，杨坚在右小宫伯这个位置纹丝未动。是什么导致杨坚在如此漫长的岁月里始终没有得到提升？这八年的磨难将给杨坚带来什么影响？

在南北朝后期的中原大地上，存在着两个对立的政权——北齐和北周。北齐占有今天黄河下游流域的河北、河南、山东、山西以及苏北、皖北的广阔地区，兵多地广，实力强大。北周多年受到北齐的压制。但是，由于北周武帝励精图治，北周逐渐强盛起来，而北齐却在昏君的统治下日益衰落。在这种情况下，北周武帝剑锋东指，决定讨伐北齐，统一中原。双方交战的结果会是怎样？杨坚的命运又将经历怎样的变故？

杨坚被任命为定州总管不久，就因为定州城中的一句流言而受到北周武帝的猜忌，被调到了南兖州。南兖州的军事地位远远逊于定州，所以，这次调动对于杨坚来说等于是降级任用。杨坚会认命吗？

因为北周宣帝的猜疑，杨坚的日子过得战战兢兢、如履薄冰。正当他犹豫着要不要到外地避避风头的时候，公元580年，北周宣帝暴病身亡。按道理讲，本来轮不到杨坚入宫“辅政”。但事实上，杨坚却当上了辅政大臣。杨坚这个辅政大臣当得顺利吗？朝廷中到底发生了什么？是谁帮助了杨坚？

北周宣帝暴崩，命运之神把杨坚推到了历史的前台。在刘昉、郑译的帮助下，杨坚矫诏当上了辅政大臣。而按照常理，辅政大臣应该在宗室，也就是周宣帝的叔伯或者兄弟中产生，无论如何也不应该落到杨坚这个外戚的头上。对于杨坚辅政，北周的宗室会如何反应？通过非正常手段当上辅政大臣的杨坚，又会如何对待北周宗室？双方又将展开怎样的较量？

第一章 流星王朝

在中国古代历史上，秦朝是第一个短命的统一王朝。继秦之后，公元581年建立的隋朝，也在短短的三十八年间，二世而亡。尽管短命，隋朝却和秦朝一样，拥有非凡、传奇的历史特性：统一、富强、文明与短命、暴虐、造反并存。

这是一个富强、文明的王朝，它的仓库里堆着五六十年吃不完的粮食，它的皇帝被突厥人誉为“圣人可汗”；这又是一个短命、暴虐的王朝，它的皇帝修长城、建东都、开运河、游江南，搞得国无宁日、民无宁时。“隋”这个名字就像流星一样，在中国历史上瞬间璀璨又瞬间毁灭。隋朝两代父子究竟做了什么？大隋王朝勃兴速亡的原因又在哪里？

一、矛盾的王朝

说起隋朝，大家都不陌生。不仅不陌生，可能还会有三个关键词立刻出现在脑海之中。

第一，短命。隋朝是中国历史上著名的短命王朝，581年建立，618年灭亡，一共才存在了三十八年。如果不算隋末的几个傀儡小皇帝，这三十八年其实就只有两代皇帝，开国皇帝隋文帝后面紧接着就是亡国皇帝隋炀帝。二世而亡，恐怕只有秦朝可以“媲美”了。

第二，暴虐。隋朝暴虐的名声主要是隋炀帝制造的。很多史书都说隋炀帝是杀死了父亲隋文帝才当上的皇帝。弑父当然暴虐，但是也会有人说，权力是人性的腐蚀剂，皇家自古多冷血，一代圣君李世民还残杀兄弟呢，也没比隋炀帝强多少。真正让人不能原谅的是，隋炀帝治国比治家更暴虐。

隋炀帝当政十三年，修长城、建东都、开运河、游江南、巡张掖，再加上三征高句丽，大工程连着大战争，搞得国无宁日、民无宁时。当时，全国三分之一的丁男都被征发参加各种劳役、兵役，甚至出现了“丁男不供，始以妇人供役”的局面，这在古代可是超出常理的暴行。

可能有人要说，不是说妇女能顶半边天吗？让妇女服劳役，说明隋朝女性很强悍啊！话可不能这样讲。古代受生产力水平的限制，妇女以家务劳动为主，男主外、女主内并非纯然是对妇女的压迫，更多的倒是对妇女的体恤。在这种情况下，哪个政权如果敢让妇女走出家门，走上工地，那可真是滥用民力，骇人听闻了。百姓为了不去远方送死，干脆咬咬牙，自己把一只手或者一只脚砍掉，人工致残，还美其名曰“福手福足”。这样的人间惨景全是拜隋炀帝所赐。

所以，隋末就出现了一篇檄文，讨伐隋炀帝，说：“罄南山之竹，书罪无穷；决东海之波，流恶难尽。”把南山上的竹子用完，都写不完他的罪行；用尽东海的水，也洗不尽他的罪恶。以后就演变成一个成语——罄竹难书，意为坏事多得数不过来。

第三，造反。皇帝如此暴虐，老百姓当然难以承受，最后只能揭竿而起了。隋朝末年，豪杰蜂起。《隋唐演义》号称十八路反王，挥着三板斧的程咬金、卖马的秦琼、打遍天下无敌手的李元霸，都是老百姓耳熟能详的英雄。瓦岗寨、高鸡泊也和水泊梁山一样，成为中国人心目中英雄聚义的圣地。当然，这些英雄不免有戏说的成分，但是，戏说的背后，是天下大乱的社会现实。事实上，就连唐高祖李渊也是造反的英雄之一，后来修成正果，建立大唐，那是后话了。

虽然短命、暴虐和造反给人的印象深刻，但是，仅仅这三个词，绝不是隋朝的全部形象。要说到隋朝的历史地位，还有另外三个关键词同样重要，甚至更重要。哪三个词？统一、富强、文明。

先说统一。这可是隋朝对中国历史的一个非常伟大的贡献。这个贡献大到什么程度？和秦始皇统一六国一样，甚至比秦始皇统一六国还不容易。

有人可能会质疑，秦统一六国，而隋朝只是平定江南，为什么说隋朝统一比秦朝还不容易？

这是因为，虽说秦灭六国，但是总的说来，齐、楚、燕、韩、赵、魏、秦这七国还都属于华夏民族，所以秦朝建立的主要还是华夏民族的统一。但是隋朝统一就不一样了，它把很多少数民族都整合进了中原政权，是真正建立在大范围民族融合基础上的大统一。

西晋末年，匈奴、鲜卑、羯、氐、羌等少数民族纷纷进入中原，他们建立政权，号称十六国，把西晋王室赶往江南。后来，鲜卑族在群雄混战中崛起，统一北方，建立了北魏，再后来，北魏又分裂成东魏和西魏，东魏和西魏又演化成北齐和北周，与逃往南方的汉族政权对峙。这就是中国历史上最混乱的两晋南北朝时期。

在这将近三百年的时间里，民族矛盾非常尖锐。汉人和少数民族互为仇敌，南方人和北方人也互相瞧不起。南方人管北方人叫索虏，嘲笑他们脑袋后面拖着的辫子；北方人管南方人叫岛夷，嘲笑他们困居小岛，施展不开。有个带有民族歧视的词语甚至一直沿用到现在。什么词？汉子。现在管男人又叫汉子，比如说西北汉子、红脸汉子，是中性词，甚至略带褒义。其实，这个词最早出现就是在魏晋南北朝时期，当时可是北方少数民族对汉人的蔑称，也是二等公民的代号。

北方是少数民族的天下，南方是汉人的天下，当时好多人都以为，这两部分可能就这么永远分开了。可是，隋朝就有本事把这两个部分捏在一起，也只有把北方少数民族和汉人整合在了一起，这才是真正意义上的统一多民族国家。这样的统一，当然在深度和广度上都超过秦朝了。

再说富强。什么叫富强？通观今天的世界就知道，所谓富强，至少包含两个指标。

第一，经济富。

第二，军事强。

这其实是古今通则，隋朝也不例外。

先看经济实力。说到古代的经济状况，人们通常考虑两个指标：第一是人口；第二是粮食。隋朝的人口有多少？将近五千万，接近西汉末年的水平。有人说，过了好几百年，还没达到汉朝的数字，这说明隋朝不行啊！

要知道，从西汉后期开始，中国的人口数量可就开始走下坡路了。到了西晋，更是衰落到一千六百万的最低值。西晋之后，五胡入华，战乱不已，大量人口被迫寻求豪门庇护，成了世家大族和豪强的私有财产，国家能够控制的人口没有多少。即使到南北朝末期，北周、北齐和陈朝三国人口相加也不过三千多万，而隋朝仅用三十年的时间就让国家可控人口重新达到了五千万，这是何等了不起的成就！

干活的人多了，隋朝又实行均田制，耕者有其田，耕者缴其税，不仅使人们的劳动热情空前高涨，政府的税收也有了保障。在这样的情况下，隋朝存粮量无与伦比。

隋朝一共有六大粮仓。粮仓大到什么程度？举一个例子，河南巩义的洛口仓，周长二十余里，粮窖三千个，每个粮窖储存粮食八千石，整个仓库储米二千四百万石。唐太宗李世民曾经感慨，他说“计天下储积，得供五六十年”。

储存的粮食够政府吃用五六十年，这恐怕是中国历史上存粮量的最高值了。这样看来，隋朝被称为中国历史上最富裕的时代，当之无愧。

除了粮食储备量大、人口规模大之外，隋朝的物资流通也很便利。这就有赖于一个重点工程——大运河。大运河北起涿郡（今北京），南到余杭（今浙江杭州），沟通了海河、黄河、淮河、长江、钱塘江五大水系。这条水路一通，北方的政治中心和南方的经济文化中心就牢牢地拴在了一起。大运河经过修修补补，一用就是一千多年，有的河段甚至今天还在使用。唐朝的皮日休有一首诗《汴河怀古》说得好："尽道隋亡为此河，至今千里赖通波。若无水殿龙舟事，共禹论功不较多。"一代暴君隋炀帝，在唐朝人眼里甚至可以和大禹相提并论，就是因为唐人深受其惠了。

再看军事实力。隋朝实行府兵制，府兵都是均田的农民，农忙种田，农闲练兵，有战争则随时奔赴战场。只要杀敌立功，就可以享受各项优惠政策，分得更多的田地。因为生活有保障，又有良好的激励机制，府兵作战非常英勇。再加上隋朝统一后国内战争结束，枪口一致对外，隋朝在国际舞台上的地位很快就变了。

本来，隋朝建立以前，整个东亚的霸主是突厥。当时，北方北齐和北周并列，两个政权都争着向突厥进贡，搞得突厥非常傲慢，甚至大言不惭地说："我在南两儿（指北齐、北周皇帝）常孝顺，何患贫也！"

隋朝建立以后，两代皇帝励精图治，南北关系就逐渐颠倒过来了。隋朝越来越强，突厥反而分裂成东、西两部。没过多久，东突厥在隋朝的军事压力下投降了隋朝。

大业三年（607），隋炀帝率领五十万大军，北巡蒙古草原，东突厥的启民可汗率领本部和附属民族恭恭敬敬地跪迎隋炀帝，为了表示臣服，启民可汗甚至要求放弃本民族的服装，改穿汉家衣冠，当大隋王朝的百姓，这真让隋炀帝喜出望外。慑于大隋皇帝的威风，西突厥和它控制的西域胡人也都纷纷前来朝贡。

北方的威胁彻底解决了，这可是西汉以来从未有过的盛事。

唐太宗李世民号称“天可汗”，意思是说，他不仅是大唐的皇帝，还是北方少数民族的最高首领。其实，这个称号还是从隋朝开始的。当时，东突厥的启民可汗感动于隋文帝的扶助之恩，给隋文帝上了一个尊号，叫“圣人可汗”，和天可汗是一个意思。就在圣人可汗的领导下，以隋朝为中心的东亚秩序重新构建起来了。这就是强盛。

最后说文明。要知道，从五胡十六国开始，中原地区就弥漫着重武轻文的风气。少数民族统治者或者本身就非常轻蔑文化，或者心有余而力不足，整个社会粗野凶暴、无法无天，这对于文明的成长当然不利。隋朝皇帝虽然也是军人出身，但难得的是，隋文帝和隋炀帝父子两代都知道，马上打天下，不能马上治天下。那到底怎样治天下？他们实施的方案是文治。

统一战争刚刚结束，隋文帝就颁布命令：“武力之子，乃可学文。”铸剑为犁，让将士们放下武器，学习文化去了。他还创立了大名鼎鼎的科举制，通过考试选拔人才。虽然这时候科举制还很不完善，但是，既不是凭老子，也不是凭拳头，而是凭借文化素质来谋求自身社会地位的方向一旦确立，就会显示出极为强大的生命力。

科举制在中国一直实行到清朝末年，而且还极大地影响了西方文官制度的形成，可谓隋朝对全世界的伟大贡献！

除了科举制之外，隋朝在制度方面另一个重要的贡献就是三省六部制。所谓三省六部，是中央政务机构的总称。其精髓就是三省之间相互分权与制衡，共同对皇帝负责。这个制度使得皇帝的权力大大加强，皇帝专制下的宰相集体议政的制度也正式形成，这可是中国传统行政体制的一大变革。三省六部制经过一些变革，也一直沿用到清末，用了一千多年，当然可以称为万世之良法。

统一、富强和文明让隋朝在中国历史上留下了难以磨灭的印记，可是，这也就和前面所说的短命、暴虐和造反形成了强烈的反差。一个王朝怎么会有如此截然不同的两面？这真让人百思不得其解。事实上，后世不仅对隋朝的评价反差强烈，对隋朝皇帝的评价也同样反差强烈。

二、矛盾的皇帝

隋朝的两代皇帝，在历史上名声都不大好。

说到隋文帝，大家一般有两个印象。

第一，欺女儿。清代学者赵翼曾经在《廿二史札记》中说过："古来得天下之易，未有如隋文帝者。以妇翁之亲，值周宣帝早殂，结郑译等矫诏入辅政，遂安坐而攘帝位。"隋文帝是以皇太后的父亲、小皇帝外祖父的身份夺取的北周天下，得国于孤儿寡妇之手，已经为人不齿，何况这对孤儿寡妇还不是一般的孤儿寡妇，而是自己的女儿和自己名义上的外孙。谋害至亲骨肉，这算什么本事？所以自古号称得国不正。

第二，怕老婆。因为害怕独孤皇后，隋文帝废掉了大儿子杨勇，把天下传给了二儿子杨广，就是后来的隋炀帝，结果就是这个儿子把隋朝弄灭亡了。因为接班人没选好导致亡国，隋文帝自然得负连带责任。

隋炀帝就更糟糕了。正史、野史讲了他无数荒唐的故事，主要针对三方面。

第一，奢侈。传说他为了游江都，不惜动用几百万民工挖大运河，花钱无算，死人无数。

第二，暴虐。暴虐到什么程度？隋炀帝三次发动对高句丽的战争，是战争狂人。结果，战争引起人民反抗，他又说，之所以有反抗是因为人太多，于是制定严刑峻法，对老百姓大开杀戒，这不是暴虐至极吗？

第三，荒淫。据说他在父亲隋文帝弥留之际就迫不及待地调戏父亲的妃子，还说他在江南穷途末路的时候依然广选美女充实后宫，每天临幸，夜夜不虚。当然，最有总结性的是他的谥号。炀是中国历史上最坏的谥号之一，《谥法》说："好内远礼曰炀，去礼远众曰炀，逆天虐民曰炀。"又好色，又害民，又违礼，又逆天，真可谓坏事做绝。

但是，事实真的如此吗？隋朝在政治、军事、经济、文化、外交各个领域都取得了杰出的成就，如果隋文帝和隋炀帝两代帝王都如此荒唐，又怎么可能取得这样的成就呢？

事实上，隋文帝无论如何都可以称得上是励精之主，平生有三大优点，堪称帝王典范。

第一，勤政。

第二，节俭。

第三，爱民。

先说勤政。勤快到什么程度？唐朝的宰相萧瑀曾经有一段评价："（隋文帝）克己复礼，勤劳思政，每一坐朝，或至日昃。五品已上，引坐论事。宿卫之士，传飧而食。"意思是说，隋文帝每天上朝，从早忙到晚，连好好吃一顿饭的工夫都没有，还得让卫士传盒饭，吃工作餐。要知道，唐朝接的是隋朝的班，唐朝的宰相绝对没有给隋文帝吹喇叭抬轿子的可能，萧瑀能这样评价隋文帝，可见这勤政并非虚言。

再看节俭。隋文帝简朴，在历史上也是出了名的。他贵为天子，每天吃饭，只有一道荤菜；一件衣服，也是洗了又洗；

他坐的车子，也是一再修理，就是不肯换辆新的。

自己节俭还不算，他对官员要求也特别严格。有一次，有一个地方官到大兴进献贡品，供品是干姜，为了方便，当然也为了好看，这个官员就把姜装在了布袋子里面。没想到隋文帝这个老守财奴看了，大为心疼，把这个官员叫过来骂了一顿。官员灰头土脸地回去了，也没太明白皇帝为什么发那么大的火，还以为自己做得不够好，下次进贡香料，居然用毡袋子包裹起来。隋文帝觉得此人死不悔改，直接拉过来，打了一顿板子。这下官员才明白过来，不是自己做得不好，而是做得太好了，看来皇帝所谓勤俭治国，不是喊口号，而是动真格的。按照这个逻辑，若是隋文帝看见林黛玉拿绢袋子葬花，还不得当场气死。这样的皇帝，可能生活上是缺乏一点情趣，但是，他绝不会劳民伤财，这对于一个大乱之后亟须涵养元气的国家而言，该是何等重要！

再看爱民。这方面，隋文帝可圈可点的事情就更多了。开皇十四年(594)，关中大旱，闹饥荒，隋文帝没办法，只好带着老百姓到洛阳去讨生活，这在当时叫作“就食”。一路上，文帝就跟老百姓走在一起。山长水阔、路窄人多，走着走着，老百姓不免就挤进皇帝的卫队里了，离皇帝这么近，防护工作当然难做。卫队出于安全考虑，想把老百姓赶到一边去，没想到隋文帝不干了，不仅不驱赶老百姓，看见老百姓拖家带口的，自己还赶忙退到路边，让老百姓先过。遇到山路崎岖的地方，他又让卫兵把老百姓肩头的担子接过来，放在马上。这样爱民如子，把老百姓感动得热泪盈眶。

可能有人会说，文帝是开国皇帝，开国皇帝一般素质都还不错。但是隋炀帝太差劲了。这也是只知其一，不知其二了。其实，隋炀帝虽然在爱民、节俭方面不及隋文帝，但是，至少在勤政方面一点都不亚于其父。隋炀帝在位十三年，真正住在大兴城里的时间不足两年。住在东都洛阳的时间也不到四年。那其他时间都干什么去了？到各地巡游去了。有人会说，皇帝整天游山玩水，不就是劳民伤财吗，怎么能叫勤政？

要知道，隋炀帝出行，可不是都到那些山清水秀的温柔富贵乡去。他去的地方，今天请您，您都未必愿意去。比如，隋炀帝为了加强对西部地区的控制，决定亲自巡行河西走廊。

怎么去？隋炀帝走青海。从青海进入河西走廊必须翻过祁连山，祁连山主体都是海拔四千米以上的崇山峻岭，要想穿越，只能走山谷。隋炀帝就选择了一个叫大斗拔谷（今甘肃、青海两省交界处的扁都口）的山谷。大斗拔谷虽然是山谷，但海拔也在三千米以上，天气变幻莫测，刚刚还艳阳高照，马上就能变得风雪交加。不光天气可怕，路也可怕，最窄的地方只能容许一个人通过，就算贵为皇帝，也只能凭自己的两条腿走过去。隋炀帝一行十万人，走长蛇阵，从清晨一直走到深夜还没能过完，只能露宿山谷。好多小王子乃至后宫妃嫔、公主冷得受不了，只能抱成一团取暖。可想而知，隋炀帝肯定也是狼狈不堪。事实上，在这样艰苦的地方徒步穿越，纵观整个中国古代史，也只有隋炀帝一个皇帝做过。

隋炀帝往西最远走到哪里？他到过甘肃敦煌西北的玉门关。

唐代诗人王之涣有一首《凉州词》："黄河远上白云间，一片孤城万仞山。羌笛何须怨杨柳，春风不度玉门关。"讲的就是玉门关的肃杀苦寒。想想看，连春风都不去的地方，隋炀帝居然去了，这还不能称为壮举吗？事实上，这也是中国历史上皇帝往西走得最远的一次。

问题是，隋炀帝为什么要冒着生命危险到处旅游？最大的动力当然是开疆拓土。就是在这次巡游之后，隋炀帝在河西走廊设立了四个郡，分别是西海、河源、鄯善和且末。西海和河源都在今天的青海，而鄯善和且末则在新疆维吾尔自治区，中原王朝第一次全面统治青海地区，就是隋炀帝的贡献，这还不是勤政吗？

然而，既然无论是隋文帝还是隋炀帝，都堪称一代英主，那就应该把国家治理得井井有条、垂范后世、威加八方，为什么隋朝会二世而亡呢？而且，灭亡得如此迅速？

从史书上我们知道，自大业十一年（615）隋炀帝亲征高句丽开始，整个隋帝国就陷入了一片混乱之中。先是不堪劳役、兵役的农民反了，紧接着，镇压不力的政府官员反了，曾经臣服的少数民族也反了。再到后来，想要谋权篡位的野心家反了，最后，连皇帝身边最可靠的亲信、最可靠的军队也都反了。所在啸聚，四海沸腾，真是呼啦啦如大厦倾。

不到三年的时间，富强的隋帝国土崩瓦解，隋炀帝也从一个一统天下的大隋皇帝变成了困守江都的独夫民贼。最后，连独夫民贼也当不成了。618年，隋炀帝最信任的军官带着他最信任的禁军发动政变，用三尺白绫结束了隋炀帝的性命，一代君主，就用四块床板草草收殓，草草地葬在了江都。此后屡次迁葬，最终安顿在雷塘。

雷塘到底在哪里？一千多年来，好事者始终争论不休。清代大学士阮元根据一幅明朝嘉靖年间绘制的《维扬志》，把地址断在了扬州市邗江区槐泗镇槐二村；2013年，考古工作者在江苏省扬州市邗江区西湖镇司徒村曹庄发掘出一座砖室墓，墓志之上，“随（隋）故炀帝墓志”六个大字清晰可见。至此，隋炀帝最终埋葬的地方终于尘埃落定。

唐朝诗人罗隐曾在《炀帝陵》诗中感慨：“入郭登桥出郭船，红楼日日柳年年。君王忍把平陈业，只博雷塘数亩田。”这样的结局、这样的评价，和他的功业相比，有着巨大的反差。但其实，这强烈的反差，恐怕正是大隋王朝的魅力所在。

隋朝就像流星一样，瞬间璀璨，瞬间幻灭。而且，当初的璀璨多触目，后来的毁灭也就多惊心。正是这触目惊心的感觉引起了人们深深的思考，隋朝勃兴速亡的原因在哪里？隋文帝和隋炀帝两代帝王，到底做对了什么，又做错了什么？

事实上，这种反思从唐朝就已经开始了。唐朝的开国君主亲身经历了隋朝的兴盛，也亲手促成了隋朝的灭亡，所以，他的反思意识来得格外强烈。唐初的君臣讨论，有一个永恒的话题，那就是隋朝兴亡的教训。可能正是因为这个反面教材随时提醒着唐朝君臣，短命的隋朝之后才出现了中国古代历史的巅峰——唐朝。正如短命的秦朝之后就是强大的汉朝一样。

那么，隋朝究竟为唐朝做了怎样的铺垫？唐朝又从隋朝吸取了怎样的经验教训？我们今天还能从中得到怎样的收获和启迪呢？我们从下一章开始，慢慢道来。

第二章 杨坚出世

杨坚，大隋王朝的开国皇帝，和历史上很多开国皇帝一样，有着传奇的人生经历。其中一个传奇就是，他虽然出身关陇贵族，却是一个生在寺院，由尼姑抚养长大的孩子。这段奇特的经历是什么原因造成的？它给杨坚后来的人生带来了怎样的影响？

一、武川苗裔

要讲隋朝，当然得从它的缔造者杨坚说起。

杨坚何许人也？可能有人会说，杨坚是弘农杨氏后裔。《隋书》《新唐书》都是这么记载的，那可是名门望族。这个家族有个大名鼎鼎的祖先叫杨震，是东汉人，号称“关西孔子”，是个大儒。这样说来，杨家不仅是名门望族，而且还是文化精英。

可是“尽信《书》，则不如无《书》”，这个所谓弘农杨氏后裔，恐怕是假的。

为什么？有两个证据。

第一，杨坚的父亲叫杨忠，而杨震的曾祖父也叫杨忠，这就有问题了。要知道，中国人跟外国人不一样。外国人若是敬重自己的祖宗，会给小孩取跟祖宗一样的名字，以示纪念。所以在英国皇室，就有从亨利一世到亨利四世，甚至还有从爱德华一世到爱德华八世。而中国人则不同，中国人在取名的时候讲究不犯祖先的名讳，特别是杨坚生活的时代还是士族社会，士族更讲究这一点。当时有学问的一个重要表现就是能背大量的家谱，可以和别人说一天的话，绝不冒犯别人任何祖先的名讳。比如说别人的爸爸叫李进，那当着人家绝不能说出“进”

字，这样一来，“进门”就得改成“入门”。连别人祖先的名讳都要避讳，更何况是自己的祖宗。试想，如果杨坚真的出身弘农杨氏，他的父亲怎么可能取名杨忠呢？

第二，杨坚的妈妈名叫吕苦桃，是山东人。山东吕氏本来就默默无闻，再看苦桃这两个字，更是和小花、小草一样，是典型的劳动妇女的名字。事实上，吕苦桃的家庭也确实寒微。后来杨坚当了皇帝，到山东去寻找舅舅一家，把舅舅接到京城。杨坚看到舅舅就想起去世的母亲，潸然泪下，没想到，舅舅一点悲伤的表现都没有，反而当着好多大臣的面说了一句：“**种末定不可偷，大似苦桃姊**。”意思是，我们家的种谁也偷不去，你看皇帝跟我苦桃姐长得多像！说话如此不文雅，尽显寒门小户的本色。魏晋南北朝是门阀士族社会，婚姻最讲究门第。如果杨坚家出身于弘农杨氏，他的父亲是无论如何也不会跟这样小门小户的女子结婚的。

所以说，所谓弘农杨氏，纯粹是自抬身价，冒牌货。

如果杨坚不是弘农杨氏的后裔，那么他到底是谁的后裔？

从现有的史料来看，他的远祖是谁，从哪儿发祥的，已经搞不清楚了。根据《周书》等史料的记载，他真正的有名字和事迹记载的第一代祖先不是大儒杨震，而是一个投靠了鲜卑族政权的汉人，叫杨铉；杨氏一族，也不住在弘农，而是居住在一个叫武川镇的军镇里。

武川镇在今天内蒙古自治区呼和浩特市西北的土城梁村，南面紧紧依靠着大青山，扼守草原进入内地的门户。

北魏是一个非常强大的政权，太延五年（439）一举统一了中原，但是，北魏也有敌人。在它的北面，有一个强大的少数民族叫柔然，不时侵扰北魏。当时，北魏的首都还在平城（今山西大同），紧挨着草原，为了保障首都的安全，北魏就在沿边地区（今河北北部、内蒙古南部）建立了六个军镇，合称“六镇”，武川镇就是其中之一。

因为肩负着保家卫国的重任，所以，六镇将士大部分是鲜卑贵族，还有一部分是汉人豪强，他们出将入相，政治前景光明。杨坚的祖先待在这个地方，进门喝酒吃肉，出门风吹草低，小时候舞枪弄棒，长大了精忠报国，应该生活得挺有意思，也挺有意义。

可是，后来发生了一件大事，永远地改变了六镇的命运，改变了北魏的命运，当然，也改变了杨坚家族的命运。

正光四年（523），六镇士卒起义。起义大军离开自己的军镇，滚滚南下，迅速地冲垮了北魏政权。

可是，六镇是为了保护北魏而设立的，是国家柱石，怎么会起义？

这还得从北魏的汉化说起。北魏虽然是鲜卑族建立的政权，但是非常有雄心。统一中原后，它不希望延续此前少数民族政权的命运，只会打仗，不会治国，总是骤兴骤灭，它想要建立一个稳定的政府，在中原扎下根来。可是，在当时的历史背景下要想扎根，只有汉化。

基于这样的雄心和见识，北魏孝文帝进行了大规模的汉化改革。积极学习汉人的先进管理经验，而且还要求所有鲜卑人都穿汉服、改汉姓、说汉话、娶汉女、葬汉地，加速民族融合。

另外，为了离中原地区更近，孝文帝还把首都从山西平城迁到了河南洛阳。孝文帝的汉化改革当然是一场非常伟大的变革，大大地推动了鲜卑族的文明进程，但与此同时，这场改革也埋下了六镇起义的种子。

为什么？简单来说，孝文帝的汉化政策损害了六镇军人的利益。

六镇本来是保卫国家、保卫首都的桥头堡，可是自从孝文帝迁都洛阳，六镇的地位就变了。从保卫首都的重镇变成了远离首都的边镇，没那么重要了。随着六镇的边缘化，六镇将士的地位也大大降低了，不仅升官越来越难，他们粗野豪放的生活方式也越来越不入那些汉化了的鲜卑贵族的法眼了。

又要吃苦，又不能升官，还要被人看不起，哪个鲜卑贵族还愿意到六镇来！没办法，北魏只好征发附属部落、汉人百姓甚至犯罪分子过来戍边。这样一来更糟糕了，原来的贵族子弟培训基地居然变成了劳改农场，地位真是一落千丈。

在这种情况下，有两种气氛就在六镇弥漫开了。

第一是怨气，怨那个越来越汉化、越来越腐败、越来越跟他们格格不入的北魏中央政权。

第二是六镇内部的袍泽气，也就是哥们儿义气。大家虽然来自五湖四海，有鲜卑人，有汉人……但是，既然处境相同，也就不用把民族界限分得那么清楚了，都是割头换命的好兄弟，都把各个军镇看成自己的第二故乡，甚至比第一故乡还要亲切。

各个军镇和中央的关系越来越紧张，终于，正光四年（523），六镇士兵爆发起义，起义军犹如洪流一般，一下子把北魏政权冲得七零八落。

二、杨忠发迹

这场大变故一下子改变了杨家的命运，确切地说，是改变了杨坚的爸爸杨忠的命运。

就在这场起义中，杨忠离开了世代生息的武川镇，辗转流落到山东。在泰山脚下，杨忠和农家女儿吕苦桃结婚了。显然，就杨忠的本意而言，他是想随遇而安，在山东开始新生活了。

但是，命运捉弄人，没过多久，杨忠又当了梁朝的俘虏，漂泊到了江南。

当时，和北魏隔淮河对立的政权正是梁朝。北魏内乱，梁朝趁火打劫，出兵山东，抓了不少俘虏回去，杨忠就是其中之一。按照史书记载，杨忠长得高大威猛，比南方人强壮多了，一看就是当兵的好材料，所以，他很快又被吸收进梁朝的军队。这样的日子过了五年，又过不下去了。这次是为什么？

永安元年（528），北魏的内乱还没有结束，梁朝又想插手北魏的政治了。当时，北魏的皇帝去世，梁朝派了一支七千人的大军，护送早年投降梁朝的一个北魏王子元颢返回洛阳，争夺皇位，想要建立傀儡政权。原本出身北方的杨忠又被编入这支军队，进入洛阳。

本来，梁朝扶植的这个傀儡皇帝如果能够稳定下来的话，杨忠也算是从龙功臣，会有一个比较理想的位置。可是，好景不长，这个名叫元颢的皇帝没当几个月，就被一支少数民族军队杀了，杨忠再度当了俘虏。

这时候，北魏已经是乱者为王了，各种势力都在拼命发展，争夺地盘，相互吞并，杨忠也就辗转在各种军事力量之间，如水中的浮萍一般。

后来，他终于投靠到了独孤信将军麾下。独孤信也是武川镇出身，对杨忠这个小老乡很是赏识。从此，杨忠就成了独孤信的心腹，又跟着独孤信不断转战，到处流浪，从洛阳到关中，从关中到荆州，再从荆州二度进入江南的梁朝，几乎要把全天下都跑遍了。

就在杨忠颠沛流离的时候，中原地区的政局又发生了重大变化，北魏最终分裂成了东魏和西魏两部分。西魏定都长安，东魏定都邺城（今河北临漳）。两边虽然都拥立一个北魏皇族后人当傀儡皇帝，但真正掌权的都是六镇出身的权臣。其中，西魏的掌门人叫宇文泰，是武川镇人，而东魏的掌门人叫高欢，是怀朔镇人。

各个军镇的内部凝聚力很强，既然出身武川镇的宇文泰在西魏掌握了大权，流落在各地的武川人就纷纷向西魏靠拢，杨忠当然也不例外。大统二年（536），在宇文泰的人才政策吸引之下，他又跟着老长官独孤信辗转从江南来到关中，投身到宇文泰的麾下。

当时，西魏政权还是鲜卑人的天下，所有人都必须向鲜卑人看齐。宇文泰赐给杨忠一个新的姓，叫普六茹。从此，杨忠也就变成了普六茹忠。改换鲜卑姓氏意味着他已经被这个政权视为自己人了。这一年，他已经三十一岁。

古人讲，三十而立，这个说法对杨忠来说一点不错。虽然早年坎坷，但是，从这个时候开始，杨忠终于稳定下来，进入人生的快车道了。当时，西魏和东魏整天打仗，杨忠屡立战功，在军队中的地位节节攀升，逐步树立起了骁勇的威名。

史书中记载了两个故事。

第一个故事。有一次，杨忠陪宇文泰打猎，忽然一头猛兽跑了过来，杨忠一看情况紧急，“**左挟其腰，右拔其舌**”，赤手空拳就把猛兽打死了，跟打虎英雄武松有得一比。

第二个故事。杨忠率领的军队和敌人的大军隔河对峙，两边兵力悬殊，情况非常危急，士兵吓得腿都软了。杨忠一看，索性命令士兵都下马，坐在地上休息，自己一个人骑马站在河中间，宛如中流砥柱，瞪着敌人。敌人一看杨忠如此神勇，再看士兵如此放松，以为是计，居然害怕，不敢追了。堪比猛张飞当阳桥上一声吼。

在战乱年代，这样的英雄当然会受到重用，就在杨忠进入西魏十四年之后，西魏整顿军队，完善府兵制，在府兵的顶端设置了八柱国、十二大将军，杨忠也就成了这十二大将军之一。这个身份到底有多重要？

要知道，在当时战火纷飞的情况下，西魏其实是军政合一，因此，这八柱国、十二大将军都是出将入相，不光是军队的统帅，同时也是国家的领导核心，还是当时关中地区最显赫的二十大家族的首领，各方面都处于社会的顶端。

这批军事贵族以武川镇军人为班底，定居关中，胡汉杂糅，文武合一，而且互相通婚，在中国历史上发挥过重大作用，所以史学界对它有一个固定的说法，叫作“关陇贵族集团”。西魏、北周、隋、唐四代皇帝都出自这个集团，其中，西魏、北周和唐朝的始祖都是柱国，而隋朝的始祖杨忠则是大将军。能够挤入这个集团，杨忠真是发迹了。

三、雄武少年

杨忠已经功成名就了，他还缺什么呢？缺子嗣。半生奔波，转眼已经人到中年，不能没有接班人。老天也往往喜欢做锦上添花的事，就在杨忠事业日渐兴旺发达的时候，他的长子，也就是日后大名鼎鼎的隋文帝杨坚诞生了。

这时候，杨忠已经三十六岁了，三十六岁得子，即使在今天都不算早，何况是杨忠生活的那个年代。中年得子，杨忠当然大喜过望。

中国历代皇帝诞生，都有各种灵异现象。杨坚出生时有没有？当然有。《隋书·高祖纪》里就记载了一段：“皇妣吕氏，以大统七年（541）六月癸丑夜，生高祖于冯翊般若寺，紫气充庭。有尼来自河东，谓皇妣曰：‘此儿所从来甚异，不可于俗间处之。’尼将高祖舍于别馆，躬自抚养……为人龙颔，额上有五柱入顶，目光外射，有文在手曰‘王’。”这是最官方版的灵异说法了。

这段故事虽然话不多，但是包含着杨坚早年的重要信息，当然得仔细分析一下。我们把它分成三部分分析。

第一部分：“紫气充庭。”这是不是真的？这种紫气神光的故事太多了，基本都不可信，帝王神话而已。当然，若是生在朝霞四射的早晨或者是彩霞满天的傍晚，就算我们小老百姓的孩子，也没准儿能伴随着点紫气神光，只是没人记录罢了。

第二部分：“有尼来自河东，谓皇妣曰：‘此儿所从来甚异，不可于俗间处之。’尼将高祖舍于别馆，躬自抚养。”这是不是真的？主体上是。

事实上，杨坚不仅生在寺院里，而且也确实是一个叫智仙的尼姑在寺院里养大的，跟佛教的缘分比从和尚到皇帝的朱元璋还要深。问题是，朱元璋是穷人，不得已到寺庙讨生活，杨忠好歹也是将军，为什么要把儿子交给尼姑养？这一方面当然说明杨忠信佛，但从另一方面也可以看出，杨忠太爱这个孩子了。

中年得子，唯恐养不活，怎么办？当时的人普遍信佛，不如托身佛门，所以才让尼姑放在庵里养大。但是，真要放在尼姑庵里，自家人不能随时照看，杨忠哪能放心！怎么办？他是将军，家大业大，于是就把自家房子的一部分改作寺院，请当时鼎鼎有名的神尼智仙来住持，和《红楼梦》里的槛外人妙玉住进贾家家庙栊翠庵一样。这样一来，杨坚是进寺不离家，佛家的好处和世俗的好处都沾上了。这当然是杨忠疼惜儿子的一片苦心。

第三部分：“为人龙颔，额上有五柱入顶，目光外射，有文在手曰‘王’。”这部分是不是真的？半真半假。

假的是哪部分？“为人龙颔，额上有五柱入顶”肯定是假的，因为这很畸形，根本不是正常人的长相；手上有字可信可不信，跟众多旅游景区那些所谓的犀牛望月是一个类型，看得出看不出全凭想象力了。

哪部分是真的？“目光外射”是真的。所谓目光外射，其实就是双眼炯炯有神，这是精力充沛的表现，也是权威人格的特征。杨忠本人就是个美男子，身材高大，美髯飘舞，很符合当时的审美品位。这样的身材遗传给杨坚，再加上一双炯炯有神的大眼睛，还是非常引人注目的。后来有很多人给杨坚看过相，都说他容貌非常，可能就是被他雄伟的外表和精光四射的眼神折服了吧。

可能有人会想，这样一个孩子，爸爸是将军，难免仗势欺人；父亲还是中年得子，肯定娇生惯养；又在尼姑庵里长大，难免带点女性气息，这应该是二世祖吧？长大不会有什么出息的。

是不是呢？还真不是这样，杨坚从小就老成持重。在两方面的表现，令人叹为观止。

第一，清心寡欲。杨坚成年之后曾经说，我从小在尼姑庵长大，所以就喜欢吃素，喜欢听寺里的钟声，大概前生就是和尚吧。换言之，尼姑庵没给他培养出什么女性气息，反而造就了他宗教徒一般的清静性格。

第二，不苟言笑。严肃到什么程度？《隋书》有一句话说他“**虽至亲昵，不敢狎也**”。从小就深沉，天生是当领导的料。

杨坚为什么会养成这样深沉严肃的性格？也可以找出两个至关重要的原因。

第一，西魏的大环境不给他当二世祖的机会。北魏在六镇起义后，分裂成东魏和西魏两个政权。杨坚家属于西魏。那么，东魏和西魏哪一方力量更强？当然是东魏。

首先，东魏经济实力强。东魏和西魏基本上以黄河为界。黄河“几”字形东边一竖再往东，也就是今天的山西省以东就是东魏，这可都是当时中国经济最发达的地区。“几”字形东边一竖往西，也就是陕西省往西，才是西魏。这边地狭民瘠，经济条件比东魏差了不少。

其次，东边的军事力量也强过西边。东魏和西魏的掌门人虽然都是六镇出身，他们的军事班底也都是六镇将士，但是，因为东魏占据的是原来北魏的中心地带，所以六镇将士中，绝大多数都归了东魏，有十几万之众。而西魏只拿到了六镇中的一个——武川镇的兵力，最初入关的时候甚至都不满三千人，军事力量对比相当悬殊。

因为力量相差太远，东魏天天想着吞并西魏，所以连年进攻，咄咄逼人，而西魏则是疲于应付，自身难保。

有一件事情最能说明两方的力量对比情况。当时，每年冬天，黄河的水封冻之后，东魏都有可能派骑兵来偷袭。西魏打不过，只好派兵整天守着黄河，不光监视敌情，还得监视河水，一看见黄河结冰，就赶紧把它凿开，好让东魏骑兵过不来。凿冰正说明了西魏处于守势。

在这种情况下，西魏的领导集团天天想着救亡图存，因此励精图治，很有朝气。这种大环境可不允许腐化堕落的二世祖存在，相反，越是将军的儿子，越要劳其筋骨，饿其体肤，谁让他天生责任就比别人重！

第二，杨坚本人所处的教育环境也非常严格。杨坚十三岁以前接受的是尼姑智仙的教育，十三到十四岁则是在太学读书。智仙虽然是个尼姑，但是，从她游走在权贵之家可以看出，她并不是一个单纯的尼姑，相反，她有非常入世、非常政治性的一面。

智仙是怎么教育杨坚的？举两个例子就可以知道了。

第一，智仙给杨坚起了个小名叫那罗延。那罗延是梵文的音译，金刚力士的意思。在佛教里，那罗延扮演的是护法神的角色。我们现在在寺庙里还能看到护法神左手持剑，右手持叉的形象。从这个小名看来，智仙非常清楚，杨忠将军的这个儿子，虽然交给她养育，但并不是要当佛门弟子养育的，相反，这个孩子一定会接着当将军，做杀伐的事业。有了这样的认识，智仙的教育方向当然也就有了皈依。

第二，杨坚七岁的时候，智仙曾经告诉他："儿当大贵，从东国来；佛法当灭，由儿兴之。"

魏晋南北朝时期，佛教发展兴盛，同时，"末世论""灭佛论"也很有影响。在这种情况下，智仙殷切期望她所养育的小孩将来能够护法，这不足为奇。不过，在幼小的孩子心中，还是"儿当大贵"这样的心理暗示更有影响力吧。

再看太学教育。尼姑的教育虽然方向不错，但是，毕竟太与世隔绝了。一个有远大志向的孩子真想成长，必须完成社会化的过程，跟更多的人打交道，积累政治资本。

十三岁的时候，杨坚终于走出尼姑庵，到太学读书了。

太学是中国古代专门培养贵族子弟的学校，在汉朝曾经非常兴盛。但是，后来天下大乱，太学也越来越没落了。西魏集团是从六镇起家的，本来就是一些赳赳武夫，鲜卑人当然没什么文化基础，即使是六镇的汉人，也深受鲜卑化的影响，基本都是不学无术。幸好，西魏的掌门人宇文泰是个有见识的人，他知道，只凭武力没有办法在关中地区扎下根来，所以，他一直提倡学习，甚至在自己的衙门里设置学堂，让部下白天工作，晚上学习。让官僚子弟到太学读书，也是这种思想的产物。

杨坚从小就深沉严肃，志向远大，他在太学不仅学习了一些儒家经典，而且很快就成了领袖人物，有了一批追随者。这可是一张宝贵的关系网。事实上，后来帮助杨坚从北周小皇帝手里夺权的郑译，就是杨坚在太学的同学。这样看来，不仅西魏的环境要求杨坚奋发向上，杨坚早年接受的教育也同样鼓励他成就大事。

说了这么多杨坚的身世和早年教养，可以来总结一下杨坚其人了。杨坚此时虽然还是少年，但是，他身上已经表现出几个至关重要的特征。

第一个特征是背景深厚。杨坚的祖上出身武川镇，父亲是西魏的大将军，而武川镇军阀是当时西魏社会的最高层。在门阀体制下，这样的出身会让他很容易进入政治高层，这也是他日后功业的基础。

第二个特征是志向远大，教育良好。杨坚的出身决定了他以天下为已任的性格，而他的学习背景又成就了他文武双全的底蕴。这在当时是非常难得的素质。

事实上，当时人对杨坚的评价也确实如此。据史书记载，一代枭雄宇文泰在看见杨坚之后非常惊诧，赞叹说："此儿风

骨，非世间人！”可以想象，一个少年英雄的形象已经是呼之欲出了。

十四岁那年，杨坚从太学毕业，被任命为京兆功曹。这个官职虽然只是长官征召，不是政府任命，不算是正式的官员，但是，从这个岗位上，杨坚毕竟迈出了他仕途的第一步。那么，这个带着不平凡印记的少年会有怎样的未来呢？

第三章 坎坷仕途

杨坚十四岁正式步入仕途，此时的中国刚刚经历了一次重大的政治变故——西魏政权被北周取代，江山易主，权臣更迭。整整八年，杨坚在右小宫伯这个位置纹丝未动。是什么导致杨坚在如此漫长的岁月里始终没有得到提升？这八年的磨难将给杨坚带来什么影响？

一、两姑之间难为妇

十四岁的杨坚进入仕途。没过多久，他又迎来了一件人生大喜事。他父亲的老上司独孤信决定把女儿独孤伽罗嫁给他。

独孤信是西魏八柱国之一，地位比杨忠还高，杨坚有了这样一个岳父，当然背景更硬了。这时候，西魏已经被北周取代，但是政权的基础并没有改变。杨坚自身素质好，出身高贵，再有这样一位强势的老丈人，在新王朝的仕途本应该是一帆风顺的。可是非常遗憾，杨坚刚刚踏入仕途，就遇到了一个最麻烦的问题，北周当时有两个当家人，一个是周朝的皇帝，另一个则是权臣宇文护，他身处其间，不知道该追随谁才好。

之所以会出现这种情况，还得从宇文泰说起。宇文泰是西魏的权臣，从大统元年（535）开始执掌西魏朝政，为西魏的生存和发展建立了莫大功业。但是，556年，宇文泰去世了。西魏的江山是宇文泰开创的，宇文泰当然希望儿子能够接着给西魏当家，问题是，他的儿子们都比较年轻，宇文泰怕那些老将军，也就是自己当年的老哥们儿不买儿子的账，左思右想，宇文泰把年少的儿子托付给了已经成年的侄子宇文护。

宇文护当时四十四岁，正当年富力强，人气很高。宇文泰希望他能辅佐自己的儿子，接着当西魏的权臣。面对叔叔的重托，宇文护倒是慨然允诺了。但是，怎么才能把叔叔交代的事情办好？宇文护是个有谋略的人。他觉得，宇文泰要是皇帝也罢了，老皇帝死了，小皇帝接班顺理成章，可是权臣就不一样了。权力再大，也不过是个大臣。而要让权臣的儿子接班当权臣，就有点名不正言不顺了，别的大臣可能不服气，会引发政治上的混乱。

想来想去，他索性一不做，二不休，直接把西魏的皇帝废了，辅佐着宇文泰的嫡子宇文觉当了皇帝，西魏也就因此变成了北周。有了皇帝的名分，谁再敢不服气，那就是造反，就是人人得而诛之。虽然这样看起来比较鲁莽，但实际上倒是快刀斩乱麻，很好地解决了问题。

从建国这个角度讲，宇文护算是北周最大的开国功臣。既然是功臣，当然就希望掌握权力，而皇帝一旦有了名分，也不会轻易放弃权力。这样一来，宇文护和自己亲手扶持起来的皇帝又展开了权力斗争。

就是在这种背景下，杨坚接受了他人生中第一个正式任命的官职——右小宫伯。这个职位好不好？非常好。右小宫伯掌管皇宫宿卫，就在皇帝身边工作，算是皇帝的近臣，因此升迁很快。

但是，这个官职的地位也非常尴尬，因为虽然他的职责是保卫皇帝，但是，在行政隶属关系上，它是天官大冢宰的下属，而当时的天官大冢宰正是权臣宇文护。换句话说，这个职位正好夹在了皇帝与权臣之间。

这个任命一下来，杨坚倒抽了一口冷气。明知道皇帝和宇文护不和，这不是让他左右为难吗？那么，这个任命是谁的意思？宇文护。宇文护为什么这么干？这是卖给杨家的一个人情。杨忠身为十二大将军之一，在老一辈中颇有实力，而杨坚又是少年新锐，宇文护想拉拢杨坚父子。杨坚刚刚进入仕途，右小宫伯这个职位靠近权力中枢，升迁很快，是个美差，把这个职位给杨坚，杨家应该对自己感恩戴德，没准儿以后还能成为自己的眼线。

宇文护想拉拢杨坚，那么，杨坚应不应该接受？他还真觉得为难。宇文护大权在握，连皇帝都斗不过他，跟着他似乎很有前途，但是，断然投靠宇文护，杨坚也有顾虑。宇文护毕竟是大臣，以臣凌君，这无论如何也算是悖逆。另外，就在不久之前，宇文护为了专权，逼死了老臣独孤信，而独孤信正是杨坚的岳父，这国仇家恨加在一起，让杨坚对宇文护也没太多好感。

到底何去何从？在政治舞台上往往是屁股决定脑袋，杨坚拿不定主意了。怎么办？父亲杨忠在政坛摸爬滚打了一辈子，问问他吧。

杨忠到底老谋深算，面对如此难题，他说了一句最贴近人情，因此也最明智的话：“*两姑之间难为妇，汝其勿往！*”夹在婆婆和小姑之间最难做媳妇了，你还是哪边也别靠吧。这句话说得杨坚茅塞顿开，成了他夹缝求生的指南。

虽然接受了这个任命，但是，杨坚对宇文护不冷不热、若即若离。这样的表现宇文护当然不满意，从此开始给杨坚小鞋穿。从557年到565年，杨坚在小宫伯的职位上一待就是八年。当年，他刚当上右小宫伯的时候，才刚刚十七岁，谁都觉得他前程远大，现在，他已经二十五岁了，早期的同事都平步青云，而他还在原地踏步，心里真是无限失意。要知道，杨坚也是个胸怀大志的人，而且，童年时代尼姑智仙所说的“儿当大贵”一直萦绕在他的耳边，到底什么时候才能真的大贵起来？

就在杨坚越来越焦躁的时候，事情有了转机。保定五年（565），可能还是因为背景太硬，杨坚终于晋升为大将军，出任随州（今湖北随州）刺史。

随州刺史并不是什么特别重要的职位，但是，离开沉闷的京城，杨坚还是欢呼雀跃，满怀憧憬。没想到，命运之神又跟他开了个玩笑。没过多久，他又被召回了京城，继续待命。不过，虽然在随州没待多久，也没干出什么成绩，杨坚却有了重大收获。他收获了一个朋友和一颗野心。

这位朋友名叫庞晃，当时是襄州总管府总管宇文直的下属。

杨坚任职的随州属于襄州总管府，按照惯例，杨坚一上任，就先去拜见上司宇文直。宇文直是当朝皇帝武帝的亲弟弟，但却是权臣宇文护的亲信，因为有宇文护的庇护，一贯眼高于顶，并没把杨坚放在眼里，只是跟他敷衍了一下，就派下属庞晃去例行回访。

庞晃跟宇文直可不一样。此人很有见识，只可惜命运不济，年纪已经一大把了，但是官职一直没升上去，只能屈居人下。庞晃一看杨坚精光四射的长相，立刻觉得此人不凡，从此倾心结交。

后来，杨坚从随州回长安，路过襄州，庞晃还专程来给他送行，两个人整整喝了一夜的酒。眼看着窗外渐渐泛白，两个人都喝得差不多了，庞晃忽然探过身来，附耳对杨坚说："公相貌非常，名在图菉。九五之日，幸愿不忘。"所谓九五，正是中国古代皇帝的代称啊。所以，庞晃其实是在跟杨坚交底：我看你绝非普通人，等你当上皇帝的那一天，千万可别忘了我！预言杨坚要当皇帝，这简直是大逆不道。

听庞晃说出这样的话来，杨坚的酒吓醒了一大半，赶紧说："何妄言也！"

可巧，就在这时候，窗外忽然传来雄鸡喔喔报晓的声音。这可是吉兆，杨坚心里一动，就对庞晃说，你射一下这只鸡看看，如果射中了，我就相信你说的话。日后我真富贵了，你去找我，拿今日之箭做凭证。庞晃一听，挽弓就射，一下射了个正着。眼看庞晃射中了，杨坚拊掌大笑，说：看来这真是天意了！一高兴，把两个贴身的婢女都送给了庞晃。

说到这里，可能大家觉得，这两个人都不大正常。议论改朝换代是要掉脑袋的事情，庞晃胆子可真够大的！杨坚当时才二十多岁，官职也不高，庞晃怎么就看上他了？不光庞晃表现奇怪，杨坚也挺奇怪。庞晃敢说，他居然就敢听敢信，他怎么就会有这样的野心？

要解释这个疑惑，就要了解当时的时代背景。要知道，从南北朝时期开始，王朝更迭特别频繁，宫廷政变，权臣篡位都已经成了家常便饭。在当时的人看来，兵强马壮就有可能当皇帝，所以，大家对王朝的忠诚度非常低，稍不如意就可能造反，或者想鼓动别人造反。庞晃就是这么一个人。

那庞晃为什么看上杨坚了？除了长相与众不同之外，他可能更在意的是杨坚的身份。杨坚是十二大将军之子，和西魏、北周的皇帝同属于关陇贵族集团。这个集团本来就是皇帝轮流做，北周正是这样取代西魏的，凭什么杨坚就不能取代北周？正因为有这样的时代背景，所以，庞晃敢说，杨坚也敢听，听了还敢信。

就这样，在庞晃的鼓动下，杨坚带着某种憧憬回到了长安。不过，长安的政局马上给他泼了一盆冷水。

自从宇文护当政，皇帝已经换了三个（北周孝闵帝、北周明帝、北周武帝），没有一个人斗得过他。宇文护依然不可一世，杨坚也依然受到宇文护的排挤，看不到一点前途。

正好这时候杨坚的母亲生病了，杨坚索性辞了职，整天在家侍奉母亲。本想避一避宇文护，没想到却因此声名鹊起。当时提倡以孝治天下，大孝子杨坚一下子成了话题人物，声望节节走高。这样一来，可把宇文护气坏了，区区一个毛孩子，却让他屡屡受挫，真是必欲置其死地而后快。

更糟糕的是，天和三年（568），杨坚的父亲杨忠去世了。这下杨坚又失去了最重要的政治靠山，更是觉得前途渺茫。庞晃不是说他相貌非常，能够大贵吗？现在得罪了宇文护，生命都没有保障，这个大贵什么时候才能到来？

就在这种焦虑不安的心情之中，杨坚开始频繁地和术士来往了。

当时有一个著名的术士叫来和。有一次，杨坚把他请到家里来，神神秘秘地说，我只要一听到别人的脚步声，就能分辨出来人是谁，这是不是好事？来和赶紧说："**公眼如曙星，无所不照，当王有天下，愿忍诛杀。**"您的眼睛像早晨的星星一样无所不照，这正是帝王之相。只是希望您不要杀太多人才好。听到这样的秘语，杨坚又觉得宽慰了一些。

杨坚这一时期为什么如此迷信术士算命？是不是因为他野

心太大，急不可耐？并非如此。事实上，此时的杨坚还远远没到野心爆棚，一心想要自己当皇帝的地步，只是因为他太担心前途了，所以才要靠这些虚幻的力量来安慰自己。这就是人们常说的“穷算命，富烧香”了。

二、北周武帝亲政

就在杨坚郁郁寡欢、求神问卜的时候，北周出了一件大事，一下子就改变了整个政局，也再次改写了杨坚的命运。

这件大事就是北周武帝诛杀权臣宇文护。北周武帝名叫宇文邕，是北周的第三任皇帝。他能当上皇帝，还是拜宇文护专权所赐。

宇文邕是宇文泰的第四个儿子，本来是轮不到他当皇帝的，但是，就因为宇文护一连杀了两个皇帝，他居然成了皇帝。前面说过，宇文护废掉西魏皇帝，拥立宇文泰的嫡长子当了皇帝。这就是北周孝闵帝。既然有这么大的功劳，宇文护难免不把皇帝放在眼里，想自己专权。可是，北周孝闵帝也不是好欺负的，非要和宇文护较量，结果宇文护发狠，把北周孝闵帝毒死了，另立了宇文泰的庶长子当皇帝，史称北周明帝。

这北周明帝也是个有血性的人，当了皇帝之后接着跟宇文护斗，宇文护不耐烦，又把他毒死了。这时候再看看宇文泰活着的儿子，觉得十七岁的宇文邕比较老实，就让他当了皇帝。这就是后来的北周武帝。这样一来，宇文护又成了北周武帝的大功臣，还是继续专权。

北周武帝是一个有智慧的人。当年，他的父亲宇文泰就非常赏识他，曾经说："成吾志者，必此儿也。"他的哥哥北周明帝临死前，也说："能弘我周家，必此子也。"两代皇帝都对他评价这么高，可见北周武帝必有不凡之处。

他和两个哥哥一样，也想结束宇文护专权的局面，但是，他不急于求成，而是宁愿把时间拉长，分两步走。

第一步叫韬光养晦。北周武帝一上台就装傻，表现出一副对政治不感兴趣的样子，任由宇文护发号施令，解除宇文护的怀疑。装傻之外，他还对宇文护毕恭毕敬，努力讨得他的欢心。

即位之后，他下了一道诏命，说："大冢宰晋国公……亲则懿昆，任当元辅……自今诏诰及百司文书，并不得称公名。"意思是说，大冢宰宇文护，从亲戚的角度来说是我哥哥，从官职的角度来说是国家的宰相，这是多么尊贵的人！以后任何诏诰和文书，都不能直呼其名，只能称晋国公，以示尊重。这就是所谓的赞拜不名，在中国古代是极大的荣耀。

事实上，不仅赞拜不名，他每次在宫里见到宇文护，都要站起来说话。他说，我和晋国公不仅是君臣，还是亲人，宇文护是堂哥，我是堂弟，站着说话是应该的。

他讨好宇文护本人还不够，还要讨好宇文护的家人。当时，宇文护的母亲被北齐俘虏，三十五年之后才放回北周。老母亲受了这么多委屈，宇文护自然想竭尽全力地补偿她。北周武帝看在眼里，记在心上，对这位伯母特别关心。每到年节都要给伯母跪拜祝贺，伺候得比皇太后还要周到。看见武帝对自己的母亲好，宇文护也很感动，对他的警惕就放松了。

北周武帝这样韬光养晦了整整十二年。十二年如一日地忍气吞声，他得到了两个收获。

第一，慢慢打消宇文护的戒心，让宇文护对他放松警惕。

第二，慢慢滋长宇文护的骄奢，让他狂妄自大，尽情树敌。

等到宇文护戒心基本解除，树敌也越来越多的时候，北周武帝该使第二招了。

第二招叫出其不意，攻其不备。宇文护有个亲信叫宇文直。此人也是北周武帝的亲弟弟，跟两头都有关系。建德元年（572），宇文直因为作战不利被宇文护罢官，心里不忿，一气之下，转而投靠了北周武帝。武帝一看敌人内部发生分裂，感觉时机差不多了，于是就制订了一个计划。

这一年春天，宇文护从同州返回长安，北周武帝照旧出来迎接，陪同宇文护一起拜见北周武帝的母亲——皇太后。

武帝一边走，一边对宇文护说："太后春秋高，颇好饮酒。虽屡谏，未蒙垂纳。兄今入朝，愿更启请。"母后现在岁数大了，还老是喝酒，对身体多不好！哥哥你有威望，她也尊重你，请你劝劝她吧。

宇文护说，我劝她倒是可以，但是怎么劝呢？

这时候，武帝从怀里掏出一篇《酒诰》说，我早想好了。您见皇太后的时候，就把这篇《酒诰》读给太后听，太后觉得惭愧，没准儿从此就戒酒了。

宇文护觉得没有问题，当即应承下来。进到太后居住的含仁殿，拜见太后，宇文护然后大摇大摆地坐下，武帝则规规矩矩地在旁边侍立。宇文护坐好之后，就按照武帝的交代，对太后读起了《酒诰》。

没想到他读得正起劲，武帝举起玉珽就往他脑袋上猛地一击，宇文护一下子就跌倒在地。但是，没有死。

这可太意外了，情急之下，武帝赶紧命令心腹宦官何泉用刀砍，不料宇文护平时威风惯了，何泉怕他，心慌手颤，连砍几刀都没有击中要害。

这下可危险了，万一宇文护挣扎出去，发动政变，北周武帝可就要变成他手下的第三个牺牲品了。怎么办？宇文护的心腹宇文直当时已经投靠武帝了，他此时就埋伏在宫里充当预备队员，一看形势危急，马上跑了出来，一刀砍死了宇文护。

就这样，杀死两代皇帝的权臣宇文护命丧黄泉，北周武帝终于大权在握，当上了真皇帝。

消灭了宇文护的势力，这对北周的发展可是一件大事。从此，北周结束了权臣专权造成的政治乱象，开始在一代英主北周武帝的领导下，集中精力搞建设，一心一意谋发展了。

这件事能够成功，不仅北周武帝高兴，杨坚也跟着雀跃起来。毕竟这么多年，一直是宇文护在压制他。现在宇文护死了，北周武帝又会怎样对他？杨坚拭目以待。

三、晋升皇亲

经过一番观察，杨坚发现了，北周武帝真不是一般的皇帝。亲政不久，他就做了三件大事。

第一项，整军。北周武帝发布了两个著名的命令。

第一个命令，“改诸军军士并为侍官”。以前，北周军队的将士都直属于本军长官，因此，将军们权力很大，皇帝都管不了他们。现在改军士为侍官，不仅名称变了，含义也变了。从此以后，所有士兵都是皇帝的侍官，直属于皇帝，不再是将军们的私兵，这样一来，皇权就大大加强了。

第二个命令，“(诸军)募百姓充之，除其县籍”。简单地说，就是汉人百姓从此之后也可以当兵了。

这个诏令的意义太重大了。要知道，自从南北朝以来，少数民族政权都实行部落兵制，只让本民族的人当兵，借此维护本民族的特权，压制汉人和其他附属民族。这是民族压迫的一种表现，也是这些少数民族政权不能长久的重要因素。

现在，北周武帝吸收汉人当兵，真可谓一箭双雕。不仅扩大了兵源，也解决了困扰已久的民族问题。汉人能够当兵，从此不再是二等公民了，内心岂不激动！从此以后，汉人大量进入北周的军队，慢慢就成为北周军队的主体了。

这样一来，北周就不再只是鲜卑人的国家，它也是汉人的国家，人家都对北周有了认同感，这可是国家发展的重要基础。

第二项，找钱。怎么找钱？从佛寺里找。具体说来，就是没收寺产，销毁塑像，勒令和尚、道士一律还俗。

当时身处乱世，老百姓内心苦闷，所以，对宗教，特别是佛教的信仰非常虔诚。在这种背景下，寺院大肆扩张。小小的北周竟然有一万多座寺院，和尚则超过了一百万人。这还不算，各个寺院还占据了大量土地和大量的依附人口。给寺院服务的人多了，给国家服务的人就少了，这样与国争利的事，北周武帝是不能接受的。

建德三年(574)，北周武帝下诏，废掉佛寺，没收寺产，充当军费，同时，勒令和尚还俗，其中的青壮年一律编入军队。这就叫“求兵于僧众之间，取地于塔庙之下”。北周的经济实力乃至军事实力都因此大为增强。

第三项，远交近攻。北周的主要对手是北齐，要跟北齐争霸，可得有个和平的外交环境，否则难免腹背受敌。为此，北周武帝北和突厥，南通江南的陈朝，大搞和平外交。

这话说起来容易，做起来可绝非易事。就拿北和突厥来说，北周武帝历经千辛万苦，娶了突厥可汗的公主阿史那氏。这当然是政治联姻，缺乏真正的感情基础，所以，娶回来之后，武帝对她明显没有热情，尊重有加，亲切不足。

这种情况被武帝的外甥女，一个六七岁的小姑娘看到眼里了。这个小姑娘对武帝说：“四边未静，突厥尚强，愿舅抑情抚慰，以苍生为念。但须突厥之助，则江南、关东不能为患矣！”现在我们跟江南还有北齐打仗，突厥强大，我们还有求于人家，为了国家，请舅舅您装出一副爱她的样子吧！

武帝一听，幡然醒悟，从此就把真正的感情放在一边，每天在这位突厥公主面前扮起恩爱郎君。这个眼光精准，少年老成的小姑娘是谁呢？她就是后来唐高祖李渊的夫人窦皇后。

北周武帝进行这一连串的改革，他想要干什么？谁都知道，他这是把枪口对准北齐了。这么多年，一直是东魏和北齐压着西边打，想把西魏、北周吃掉，现在，风水轮流转，北周武帝要让局面反过来了！

北周武帝这样励精图治，杨坚也是摩拳擦掌。他毕竟是武将之子，虽然还没打过仗，但是，他已经继承了父亲的爵位，当然也要继承父亲的使命。现在终于要有建功立业的机会了，杨坚怎么能不激动！

好事成双。就在杨坚心情日渐开朗的时候，一件更让他兴奋的喜事降临了。

建德二年（573），北周武帝为他的太子宇文赟纳妃，娶的就是杨坚和独孤夫人的长女杨丽华。

和北周武帝成了亲家，杨坚的身份一下子抬高了不少。现在，他不仅是随国公、大将军，还是皇亲国戚，这才是真正的位高权重，与国休戚。

那么接下来，这个国家，还有他本人，又会经历怎样的历史变局？

第四章 权威镇主

在南北朝后期的中原大地上，存在着两个对立的政权——北齐和北周。北齐占有今天黄河下游流域的河北、河南、山东、山西以及苏北、皖北的广阔地区，兵多地广，实力强大。北周多年受到北齐的压制。但是，由于北周武帝励精图治，北周逐渐强盛起来，而北齐却在昏君的统治下日益衰落。在这种情况下，北周武帝剑锋东指，决定讨伐北齐，统一中原。双方交战的结果会是怎样？杨坚的命运又将经历怎样的变故？

一、周武平齐

北周武帝在平定内乱，解决了权臣专权问题之后，就开始致力于对外战争，要和北齐决一胜负了。然而，打仗是双方的事情，战争的输赢不仅取决于自己做了什么，还取决于对手做了什么。

北周武帝励精图治的时候，北齐皇帝又在干什么？

简而言之，北齐正在后主高纬的领导下走下坡路。高纬可是中国历史上著名的昏君，此人既软弱，又凶残，还变态。

先看软弱。北齐后主虽然是个皇帝，但是胆子特别小，从来不敢看着大臣说话。若是哪个大臣在汇报工作的时候多看了他一眼，他马上就会大发雷霆。搞得大臣也很紧张，只好把工作报告时间减少到最短，讲个大概，赶紧走人。

按照想象，软弱的人应该心肠好吧？却又不然。北齐后主还特别暴虐。当时，有人弹劾他的弟弟在地方杀人，请他管束，他就把弟弟召回来，问他，听说你在地方玩游戏花样翻新啊，什么游戏最好玩？他弟弟说，弄一盆蝎子，然后把猴子放进去，看蝎子咬猴子最好玩了。

北齐后主一听大受启发，连夜派人捉了好几升蝎子，放在浴缸里，然后把人脱光了扔进去，听人在蝎子堆里惨叫，他在外面哈哈大笑。这爱好，真是让人毛骨悚然。

再说变态。北齐后主好好的皇帝不当，喜欢当叫花子。他在自己的后花园建了一片贫民窟，自己穿上叫花子的衣服，在里边游荡。一个人游荡没意思，他又搞了一个贫民窟跳蚤市场，让一帮公卿大臣、宦官宫女都扮成叫花子，在那儿做生意。看得高兴了，北齐后主自己也参与进去，又买又卖，玩得不亦乐乎。

有了这样三个特征，就不难看出，他根本就不是当皇帝的料。

这么一个不靠谱的人当皇帝，肯定干不出什么好事来。事实上，北齐后主也确实没干过什么正经皇帝该做的事情，倒是在其他两方面给人留下了深刻印象。

第一，亲佞远贤。北齐后主在用人方面极其糊涂。他最喜欢能陪他玩儿的人。北齐后主虽然政治昏庸，却是个艺术家，擅长谱曲，也能弹琵琶。曾经写过一首著名的《无愁》曲，人称"无愁天子"。所以，他最喜欢能歌善舞的西域胡人，跟这些人惺惺相惜，让他们都当官。

《北齐书·恩幸列传》记载，当时"刑残阉宦、苍头卢儿、西域丑胡、龟兹杂伎，封王者接武，开府者比肩"。任非其人也倒罢了，更夸张的是，就连养在宫里的波斯狗、斗鸡、猎鹰都能当官，按照性别，雄封仪同，雌封郡君。

朝廷里小人多了，君子自然难以立足。很多有为的大臣都在北齐后主的统治下死于非命。在所有被冤杀的大臣里，最可惜的就是斛律光。说到斛律光可能大家并不熟悉，但是，如果说他的父亲斛律金，大家一定知道。

大凡在中国上过小学的人，有谁不知道《敕勒歌》呢？“敕勒川，阴山下。天似穹庐，笼盖四野。天苍苍，野茫茫，风吹草低见牛羊。”这首千古绝唱最早的歌唱者就是斛律金。斛律光父子两代为北齐服务，战功赫赫，女儿还是北齐后主高纬的皇后，但是，在昏君高纬手下照样难逃一死。

斛律光可是北周的劲敌，听说北齐后主自毁长城，北周武帝高兴得要命，大赦天下，举国庆贺。真是亲者痛，仇者快！

第二，宠幸美色。说到北齐后主宠幸的女子，就不能不提到中国历史上一个著名的美人冯小怜了。冯小怜本来是婢女出身，但是，她不仅聪明漂亮，而且能弹琵琶，擅长歌舞，跟皇帝颇有共同语言。对这样的美人，北齐后主真是一往情深，跟她坐则同席，出则并马，整天祈祷生死一处，恩爱之情一点都不亚于唐玄宗和杨贵妃。

可能有人会说，封建帝王难得伉俪情深，这也不算什么大错吧。深情本来没错，要命的是，自从有了冯小怜，北齐后主治国理政就更荒唐了。有道是，狼带领的羊群能够打败羊带领的狼群，把雄才大略的北周武帝和昏庸无能的北齐后主放在一起一对比，任谁都能发现，命运的天平已经明显向北周倾斜。

平定北齐，也就正式提上了北周武帝的议事日程。

打仗都要讲究时机。时机找好了，可能收到事半功倍的效果。

建德四年（575），江南的陈朝发起了对北齐的进攻，要夺回被北齐侵占的淮河以南地区。北齐的好多兵力都被吸引到了南边，真是天赐良机。就在这年的七月，北周武帝下令，调动十八万大军东出潼关，直扑洛阳。而杨坚则被任命为偏师统帅，率领水军从渭水进入黄河，配合主力作战。

洛阳是当年北魏的首都，也是北齐的军事重镇，河洛一带，会聚着北齐大量精兵。北周武帝带兵连续攻打了二十天，愣是没攻下来。这时候，北齐的援军也到了，北周武帝又生了病，只好下令撤军。

主力走了，杨坚的三万水军怎么办？这时候，虽然水军也取得了一些胜利，但是，独立作战是肯定不行的。所以，杨坚也得走。问题是，怎么走？原路返回吗？

要知道，出征的时候从渭水进入黄河，那是顺流而下，但要想原路返回，可就是逆流而上了，船走得慢，极容易被北齐的追兵追上。

杨坚想来想去，只好下令部队烧毁战船，改走陆路回去了。

这样看来，这次战役无论是北周武帝还是杨坚，都是铩羽而归。不过，虽然战争失利，但杨坚的整体表现还是不错的。这毕竟是杨坚第一次上战场，他在战争整体不利的情况下能够审时度势，果断地做出决定，烧掉战船，全身而退，算得上是个合格的将军。

第一次出师不利，并没有影响北周武帝平齐的决心。到第二年十月，北周武帝又率领十五万大军出征了。这十五万大军分为左、右各三路，其中右路第三军总管就是杨坚。很显然，由于第一次带兵打仗表现不错，这一次，杨坚的地位也提升了，他已经不再是偏师将军，而是主力统帅了。

这一次，北周武帝接受教训，没有选择重兵把守的河南，而是往北走，直扑北齐的军事重镇平阳（今山西临汾）。北周武帝攻打平阳的时候，高纬在哪儿？他正带着宠妃冯小怜在天池（今山西省宁武县管涔山）打猎。两地相距不远，平阳的告急文书马上就过来了，而且是“**自旦至午，驿马三至**”。从早晨到中午，鸡毛信已经走了三趟。

可是，不管来了几次，北齐后主根本没看到。一个叫高阿那肱的皇帝宠臣直接挡下了。他说，皇上玩得正开心，这点小小的战斗乃是家常便饭，何必去打扰皇帝的雅兴。

就这样，到了傍晚，终于传来了平阳陷落的消息。这下，高阿那肱也觉得大事不好了，赶紧报告北齐后主。后主一听也着急了，决定亲自率领大军驰援。

没想到，他急，有人不急。谁呢？冯小怜。冯小怜当时玩兴正浓，求后主说：“**更杀一围。**”这才真叫“**闺中少妇不知**

愁”啊。

一边是江山，一边是美人，这下北齐后主可难办了吧？一点都不难办，他二话没说，就陪着冯小怜打猎去了。

要知道，平阳在北齐的地位非常重要。因为北齐虽然定都邺城，但是别都却在晋阳（今山西太原）。而平阳正是晋阳的前哨。现在平阳陷落，北齐后主居然还有心情打猎，真是荒唐到家了。

好不容易打完猎，北齐后主和冯小怜直接回了别都晋阳。北齐后主调动了十多万鲜卑精锐，率军亲征，要夺回平阳。皇帝亲征，这对北齐士兵当然是个巨大的鼓舞，士气一下子高涨起来。一看北齐军队势头很猛，连北周武帝都害怕了，留下一个叫梁士彦的将军率领一万士兵守卫平阳，自己率领大军先回长安避风头了。

这下子，北齐军队可把平阳城围了个铁桶一般。昼夜轮番攻打，平阳城上的堞楼都给打秃了，城也越打越矮，最后只剩下一米左右。眼看着要顶不住了，梁士彦慷慨自若，对将士们说：“**死在今日，吾为尔先！**”今日就算死，我也要死在你们前头。弟兄们，跟我冲！这是何等英雄的统帅啊。

将士们一看主帅这样舍生忘死，也都个个奋勇争先，一下子把北齐军队打退了好几百米。北齐兵退了，梁士彦赶紧修城。等到城墙粗粗修好，北齐军队也回来了。

眼看着城墙修得这么坚固，北齐军队改了主意。他们改挖地道，把城墙下掏空一个洞，墙轰的一下子倒下一个大缺口。北齐士兵就要开始冲锋了！可是，谁也料想不到，就在这关键时刻，北齐后主突然传令，暂停进攻！为什么？他想让冯小怜亲眼看看这大军入城的光荣时刻。那就赶紧去请冯小怜吧，可让美人露面并不是一件容易的事，冯小怜正化妆呢，好一阵子才走出门来。

这工夫，北周的士兵已经用木头把垮塌了的城墙暂时堵上，北齐军又进不去了。就因为北齐后主一再贻误战机，小小的平阳城围了一个月，愣是没有攻下。就在两军僵持的时候，北周武帝又亲自率领八万援军赶到了，双方当即摆开阵势，准备决一死战。

大战在即，怎么鼓舞士气？北周武帝就在战场上搞起了阅兵式。只见他骑着马，从一个一个阵前走过。每到一个阵前，就高声叫出主帅的名字，鼓励他英勇杀敌。好多将领根本就没想到北周武帝能够记得他们的名字，感动得热泪盈眶，战士们也都热血沸腾，北周的士气一下子就提起来了。

不过，北周虽然士气高涨，也还面临着巨大的困难。北齐军队和北周军队之间横亘着一道深达几米的壕沟，如果强攻，肯定人员伤亡不少，这让北周武帝颇为犯难。正在犹豫的时候，北齐后主亲自来给他们帮忙了。

北齐后主怎么会给敌人帮忙？当时，他正召开军事会议，跟大家商讨如何打仗，那些宠臣赶紧表态。其中，一个宦官说，北周武帝是天子，陛下也是天子，他们远来攻伐，咱们怎么能守着壕沟示弱！不如咱们填平了壕沟，先冲过去！北齐后主一听，觉得很有道理。对啊！怎么能做这么没有面子的事？当即命令士兵把壕沟给填平了。北周武帝一看碰上这么个傻子，真是喜出望外，马上率领大军冲了过去。

两军交锋，北齐后主和冯小怜就在旁边并马观战。本来北齐军队并不弱，只是东翼稍稍退却了一点，这在战场上实属常事。可是冯小怜不懂军事，一看到自家军队退了，马上吓得花容失色，大叫道，军队败了！陛下赶快跑吧！北齐后主本来是个没有主意的人，听美人一叫，也拨转马头就跑。

他这一跑，军心可就乱了，结果，这一仗北齐大败，战死的、踩踏而死的超过一万人。不仅平阳没夺回来，很快，连别都晋阳也丢了。唐朝的诗人李商隐曾写《北齐二首》嘲笑这场战役：“一笑相倾国便亡，何劳荆棘始堪伤。小怜玉体横陈夜，已报周师入晋阳。”后来就有了“玉体横陈”这个成语。

这首诗也好，成语也好，难免有红颜祸水的意思，冯小怜在这场战争中也确实没起什么好作用。但是，如果不是因为北齐后主昏庸到了极点，就算冯小怜玉体横陈，又怎么可能影响战争大局！

这个时候，北齐后主跑到哪里去了？他跑回首都邺城了。

邺城屯驻了不少兵力，如果指挥得当，还是可以固守的。北周武帝在打仗之前，不是亲自阅兵，激励士气吗？守卫邺城的大将斛律孝卿也给北齐后主出了同样的主意，让他亲自向守城将士讲话，鼓励军心。

当然，斛律孝卿也知道北齐后主不靠谱，为了让他别出错，斛律孝卿还亲自为他撰写了演讲稿，请后主提前背熟，到时候务必讲得慷慨激昂，打动人心。可北齐后主天生懦弱，本来就害怕跟人面对面地说话，现在看着眼前这十几万士兵，他一下子就把演讲词给忘了，站在那里张口结舌。

这也罢了，站了一阵子之后，他也不知道是紧张过了头还是哪根神经搭错了，居然哈哈大笑起来。这下子可把将士们惹恼了，大家都说，皇帝这么不把国家当回事，我们还舍生忘死干什么？谁也无心打仗了。

这时候，北齐后主也绝望了，为了逃避亡国的责任，他干脆把摇摇欲坠的皇位传给了年仅八岁的太子，自己当起了太上皇。这还不算，传位大典刚刚结束，北齐后主就带着小皇帝逃走了，打算投奔陈朝。

可是，仗都打到这个地步了，北周怎么可能让他跑？他们一行人刚到青州，北周的军队已经从天而降了，北齐后主束手就擒，被押往长安，很快被杀。一笑倾城的冯小怜，也被赏给了代王宇文达做妾。

据史书记载，宇文达对冯小怜相当宠爱。但是，小怜始终不能忘情于北齐后主，还曾写诗《感琵琶弦断赠代王达》明志："虽蒙今日宠，犹忆昔时怜。欲知心断绝，应看膝上弦。"没过多久，冯小怜自杀身亡。

单从感情角度看，这也算是一对生死相依的薄命鸳鸯了。只是，政治毕竟不是男欢女爱，伴随着"无愁天子"的亡国，北齐疆域内的五十州、一百六十二郡、三百三十万户人也都归入北周。北魏是在永熙三年（534）分裂为东魏和西魏的，至此，东西两部分再度合而为一。北方实现统一，北周的实力因此大幅增强了。

二、威势镇主

北周打败北齐，统一中原是中国历史上的一件大事。那么，杨坚作为右路第三军的统帅，在其中有什么贡献？史书没有明确记载。但是，在追歼北齐残余势力方面，杨坚的贡献倒是非常突出。

当时，北齐最大的残余势力当属任城王高湝。高湝是北齐的始祖高欢的儿子，也是北齐后主的亲叔叔。当时担任瀛州刺史，在北齐的宗室中辈分最高，威望也最高。在北齐后主带着小皇帝逃跑的过程中，北齐后主又让小皇帝禅位给任城王高湝。传达禅位诏书的就是给北齐后主写讲话稿的斛律孝卿。

可是，斛律孝卿早就对北齐政权绝望了，他并没有去找任城王，而是带着这份诏书直接投奔了北周。不过，高湝虽然没有见到这份禅位诏书，但他毕竟是北齐的亲王，家国情深。所以，北齐危亡之际，他不待命令，已经在冀州募兵，组织抵抗了。

高湝不惜重金招募勇士，很快就招募了四万人，一时之间声势很大，影响北齐故地的稳定。怎么办？北周武帝就派齐王宇文宪和杨坚率领主力部队，出兵讨伐。

杨坚这边是宜将剩勇追穷寇，高湝那边则兵败如山倒，所以，讨伐的结果毫无悬念，过程也没有什么惊心动魄之处。

但是，值得注意的是杨坚在这场战役中的位置。他是齐王宇文宪的搭档，宇文宪可是北周武帝的亲弟弟，北周武帝派亲家和弟弟一起讨伐北齐残余势力，说明北周武帝对杨坚相当看重。

在这次战役之后，建德六年（577），北周武帝任命杨坚为定州总管，进位柱国。定州总管是主政河北地区的封疆大吏，柱国则是最高级别的军事统帅，杨坚这两个身份兼而有之，那就是不折不扣的亲信加重臣，能够得到这样重要的位置，杨坚也是满怀喜悦。

当年，杨坚在随州当刺史时结交的朋友庞晃说他得天命，让失意的杨坚倍感安慰。现在，杨坚当上了定州总管，而庞晃正好出任常山郡太守，常山郡和定州毗邻，两个老朋友可以常常见面，这对杨坚来说更是意外之喜。

但是，就在杨坚事业顺利、心情愉快的时候，有一些对他不利的说法开始出现了。

杨坚是定州总管。定州城的西门很久以来一直是封闭的。当年，北齐开国皇帝高洋在位时，曾经有人建议把西门打开，方便行人走路。结果，高洋不仅不允许，还说了一句奇怪的话："当有圣人来启之。"现在，杨坚升任定州总管，到这里就把西门打开了。结果，定州的父老马上联想起当年的传说，一下子就传了个沸沸扬扬，说杨坚就是那个传说中的圣人。

要知道，"圣人"这个称呼可不是随便叫的，这在当时是皇帝的代名词。这个说法一传出去，当朝皇帝北周武帝立刻敏感起来。这些年来，没少有人在他面前说杨坚的相貌不寻常，难道杨坚真有天命不成？

那么，如果我们跳将出来，从今天的角度看，这城门一开一关，是不是那么神秘？

其实并不神秘。为什么高洋时期，定州城不开西门？因为那时北齐和北周处于军事对抗状态，高洋唯恐敌人从西边突破，所以不开西门。但是杨坚就不一样了，他本身就从西边来，而且，既然北齐和北周已经统一，当然要采取措施，便利东西向的交流，所以就把西门打开了。这本来没有什么神秘之处，当年高洋所谓“当有圣人来启之”不过是个说法而已。

但是，我们能够这么想，武帝可不能这么想。因为除了这个定州城的传说之外，在此之前，已经有一些关于杨坚相貌的传言了，说杨坚有反相。谁说的？第一个就是齐王宇文宪。

早在建德四年（575），也就是北周第一次伐齐之前，宇文宪就曾经对武帝说：“普六茹坚相貌非常，臣每见之，不觉自失。恐非人下，请早除之。”意思是说，普六茹坚有非凡的相貌，我每次看见他都感觉到深深的震撼，甚至都不知道自己是谁了，这样的人不会久居人下，陛下还是尽早除掉算了！

第二年，北周的内史王轨也对武帝说：“皇太子非社稷主，普六茹坚貌有反相。”皇太子不是个有本事的人，普六茹坚倒是面有反相。这个外戚不寻常，陛下要为今后打算啊！

要知道，齐王宇文宪是武帝的亲弟弟，而内史王轨则是武帝的近臣，两个人都深受武帝信任。这两个人说杨坚有反相，武帝不可能不重视。

可是，要怎么重视？这两个人提出的都不是什么真凭实据，而是比较主观的“反相”，那武帝也没法调查研究，只能是以虚对虚，找相面专家来给杨坚相面了。这个相面专家叫来和。

当年宇文护执政的时候，杨坚就请来和相过面。来和说杨坚有帝王之表。现在，北周武帝又问了同样的问题，来和会怎么说？来和说：“随公止是守节人，可镇一方。若为将领，阵无不破。”随公杨坚只是个守节的臣子，能够镇守一方而已。如果让他当将领，倒是战无不胜，但是，别的也就没什么了。

来和为什么会改口呢？难道说他对杨坚的判断已经变了吗？当然不是。促使他改口的是另外两个理由。

第一，来和在政治上倾向于杨坚，愿意帮杨坚摆脱困境。

第二，如果来和对北周武帝说杨坚有帝王相，武帝必定要审杨坚，一审问，就会牵连出当年来和给杨坚算命，预言杨坚要当皇帝的事，那来和就是自讨苦吃了。所以，来和不敢乱说，索性一口咬定，杨坚就是当将军、当大臣的料，不会有反心。

来和也算是当时顶级的相面专家，听他这么一说，武帝也就没有继续追究，还让杨坚参加了两次平定北齐的战争，杨坚也确实像来和说的那样，阵无不破，立了大功。正因为如此，武帝才让他当定州总管府总管。可是，现在定州出现了这样的传说，武帝心里又不踏实了。

问题是，怎么处理杨坚？置之不理？不可能。因为身处乱世，北周武帝见过太多权臣篡权的事了，他爸爸宇文泰就是权臣，他家的江山就是从西魏篡来的，而且，他当皇帝的头十二年，也是一直受制于权臣宇文护。现在杨坚位高权重，又是太子的岳父，皇亲国戚，再有这样的天命传闻，他不得不提高警惕。

那么，直接把杨坚干掉好不好？也没必要。武帝雄才大略，不是疑神疑鬼的人。杨坚毕竟没有任何出格的举动，而武帝本人也才三十多岁，年富力强，平定北齐后，声望更是如日中天，杨坚在他的手下，能翻起多大的风浪？

天命的传言既不能全信，又不能不信，怎么办？武帝采取了折中原则，给杨坚换工作了。定州在北方，又是北齐故地，还临近突厥，地位太敏感了，杨坚在政治上不完全可靠，不适合待在那里。所以，建德六年（577）十二月，也就是杨坚当定州总管十个月之后，北周武帝又任命他担任南兖州（今安徽亳州）总管。虽然级别相同，但是，南兖州的重要性可不及北方的定州，让杨坚到这里来，他比较安心。

然而，北周武帝安心，杨坚却不安心了。本来，从小到大都有人说他相貌非常，他也不是完全没动过心，但到此为止，也没有特别谋求过造反。可现在不一样了，他为北周立下了赫赫战功，本来自视甚高，而北周武帝居然无缘无故地猜忌他、压制他，这让杨坚一下子觉得怒不可遏。

现在，他可是有兵权、有地盘的人，难道就任由武帝摆布？杨坚的野心一下子被激发起来了。

事实上，不仅杨坚觉得不甘心，杨坚的老朋友庞晃也觉得不甘心。庞晃本来就是野心家，现在实力大增，他更不安分了。

听到杨坚接到新的任命后，庞晃又来给他送行了。

酒过三巡，庞晃杀气腾腾地说：“**燕、代精兵之处，今若动众，天下不足图也**。”定州有着精兵强锐，现今若是动手造反，何愁大业不成！言外之意，现在我们手握大兵，不如动手吧！

朋友说到了自己的心坎上，杨坚怎么回应的？他握着庞晃的手说：“**时未可也**。”我不是不想，只是，还没到时候！

毫无疑问，杨坚是一个稳健的政治家，他不是不想造反，他只是在评估自己的实力。现在，他的实力还远远不足以挑战北周武帝，他可不想贸然出手，只能继续养精蓄锐，等待时机。

就这样，杨坚怀着满腹的心思到南兖州赴任去了。那么，他所盼望的时机会到来吗？

第五章 翁婿斗法

杨坚被任命为定州总管不久，就因为定州城中的一句流言而受到北周武帝的猜忌，被调到了南兖州。南兖州的军事地位远远逊于定州，所以，这次调动对于杨坚来说等于是降级任用。杨坚会认命吗？

一、少年暴君

此时的北周武帝正是如日中天，杨坚知道，和他对抗，无异于以卵击石。

杨坚是个政治上相当成熟的人，思前想后，他决定，向武帝低头，忍！当年，北周武帝以帝王之尊，尚且在权臣宇文护的手下苦熬十几年，才迎来出头之日，他杨坚有什么不能忍的呢？

杨坚打算，就在这南兖州总管的位置上先忍着，养精蓄锐，慢慢打算。可是，无论谁也不曾想到，杨坚这个持久战根本没打多久，就不用打了。就在杨坚上任六个月之后，北周武帝忽然去世了。

前面讲过，北周武帝是一个雄才大略的皇帝。平齐之后，他的雄心也进一步增长，一心想要统一中国。所以，平齐当年，北周的军队就在徐州大败陈朝的水军，第二年，也就是建德七年（578）五月，北周武帝又率军北伐，追讨北齐的残余势力。南征北战，他称霸天下的脚步似乎已经不可阻挡。

可能是连续作战太劳累了，就在这次北伐大军刚刚出发不久，北周武帝突染重病，六月一日一命归西，年仅三十六岁。所谓“出师未捷身先死，长使英雄泪满襟”。英雄无命，无论何时，都那么令人惋惜。

但是，就在北周举国同悲的时候，杨坚却偷偷地笑了。本来，北周武帝在的时候，杨坚对前途的估计并不乐观。

首先，北周武帝是皇帝，跟他拼名分，杨坚拼不过。

其次，北周武帝雄才大略，杨坚跟他拼智力，也不占优势。

最后，北周武帝比杨坚还小两岁，就算拼耐力，杨坚仍然不行。

按照这种态势，也许杨坚一辈子只能屈居人下了。可是，现在他居然死了，这不是天助杨坚吗？北周武帝一死，他的儿子，太子宇文赟接了班。这就是历史上的北周宣帝。

宇文赟娶了杨坚的女儿杨丽华，是杨坚的女婿，这样一来，杨坚的身份可就从国戚变成国丈了。不仅身份变了，杨坚和皇帝之间的力量对比也变了。

新皇帝还是一个刚刚二十岁的毛头小伙子，这让杨坚的野心又开始膨胀了。那么，杨坚在新皇帝手下会不会迎来转机？

那就得先看看新皇帝是何许人了。北周宣帝有三大特征，在历史上的知名度很高。

第一，荒唐。从一上台就荒唐。中国讲究孝道，父母去世，作为儿子，肯定是锥心泣血，而且还有一系列的追思活动。这套仪式在皇家尤其严格。可是，就在北周武帝的棺材还摆在宫里，尚未安葬的时候，宇文赟居然就指着棺材破口大骂，老东西，你死得也太晚了！更让人觉得不可思议的是，宇文赟发泄完怒火后，转身就进了后宫。他干什么去了？检阅父亲留下来的妃嫔去了，只要看见模样顺眼的，都统统充实进自己的后宫。这不是违反人伦吗？

再举一个例子。中国古代实行一夫一妻多妾制。所以，皇帝只能有一个皇后，其余再多都是妃嫔。但是，宇文赟就敢突破这个限制，他同时封了五个皇后，其中一个还是自己的侄媳妇，他也有本事硬把人家夺过来。

皇帝如此倒行逆施，当然好多大臣都有意见，纷纷搬出儒家经典来教育他。宇文赟满不在乎地说，妇人取法大地，土地有五类，所以当然可以有五个皇后。他分别封这五位皇后为天元大皇后、天大皇后、天中大皇后、天左大皇后、天右大皇后。有了这五朵金花，北周宣帝非常开心。没事的时候，他就让五位皇后坐在五辆专车上出行，每辆车门口再倒挂一只活鸡，车一动，鸡就又叫又挣扎，看着五朵金花吓得尖叫，他就在一旁哈哈大笑。天下哪有这样荒唐的天子！

第二，自大。自大到什么程度？宇文赟觉得当皇帝都不足以彰显他的身份，他想要比皇帝更高的身份。

比皇帝更高的身份是什么？恐怕只有太上皇了。即位不到一年，才二十一岁的宇文赟就把皇位传给七岁的儿子宇文衍，史称北周静帝，自己当太上皇去了。

不过，他这个太上皇可不是一般清静无为的太上皇，他的权力比皇帝大，名分也比皇帝高。高到什么程度？他自称天元皇帝，住的宫殿称为天台，对臣下讲话时也不称朕，而是自称天。他还设计了一个高高的通天冠，上面飘着长长的绶带，真是峨冠博带，恍若神仙。大臣见他之前，都要斋戒三日，而且还得洗澡，里里外外都干净了才能上殿。

北周武帝灭佛，宇文赟偏要和爸爸反着来，不仅不灭佛，他还精工制作了一尊佛像、一尊道教天尊像，然后自己坐在两座塑像中间，三位一体，在广场上接受臣民的跪拜。更可笑的是，他自大到根本不允许别人跟“高、大、上、天”一类的好词沾边。如果姓高，那就要改成姓姜；高祖就改叫长祖。这不是乱来吗！

第三，暴虐。中国古代讲刑不上大夫，可北周宣帝才不管这套。他当上皇帝后，经常派人明察暗访，把大臣的言行举止都记录下来，如果有哪点不对，马上就打。打多少？保底数是一百二十下，上不封顶，号称天杖。

后来他发现，有人身体真好，打一百二十下都不死，干脆改成二百四十杖。而且，不光大臣要挨板子，宫里的妃嫔也要挨板子，搞得内外恐惧，人人自危。

可能读者朋友们会疑惑，北周武帝不是一代英主吗？儿子如此荒唐残暴，难道他看不出来？怎么还会让宇文赟接班？有道是知子莫若父，宇文赟不成器，武帝早就看出来了，不光武帝看出来了，其他大臣也都很清楚。

前面提到过，王轨跟北周武帝说“**皇太子非社稷主，普六茹坚貌有反相**”，这个人后来还有一次借着酒劲跟武帝吐露真言：“**可爱好老公，但恨后嗣弱耳。**”意思是说，你这老头真不错，只可惜儿子太差了。

朝廷上下都知道宇文赟不成器，可是，武帝其他的儿子或者更不成器，或者还小，如果不让宇文赟当太子，武帝也选不出别人来。所以，只好立足于教育。怎么教育？棍棒教育。

从宇文赟被立为太子那天起，武帝就要求他和其他大臣一样上朝排班，无论严寒酷暑，一律不能休息，这是工作要求。

在生活方面更严格。宇文赟从小喜欢喝酒，武帝知道后，严令后宫，一滴酒也不能送到东宫去！这也就罢了，武帝还唯恐自己不能随时随地关注宇文赟，于是让东宫官员每天都记录太子的一言一行，按月上报。只要发现哪一天犯了错误，抓过去就是一顿痛打，打得宇文赟伤痕累累。打完了还要再威胁一句，你别以为自己是个太子就有了保障，古往今来，废掉的太子多了。难道我其他的儿子就不能接班？把宇文赟搞得胆战心惊。

虽然武帝是一番好意，唯恐儿子不成器，接不好班。可是，苦心归苦心，方法还是太粗暴了。在这样简单粗暴的教育下，宇文赟的思想水准没有提高，但是表演水准却大大提高了。每天装得规规矩矩，心里却酝酿着仇恨。

现在，武帝一死，宇文赟头上的大石头被搬开，他终于可以想干什么就干什么了！他虽然身为皇帝，但是从实际年龄来说也还算是“青春期少年”，思想并不成熟，只知道一味地和北周武帝反着来。当年他爸爸北周武帝艰苦奋斗，一心要当好皇帝，那他就反其道而行之，要多荒唐有多荒唐。

二、杨坚得势

如此说来，北周宣帝其实和北齐后主是一样的人了？并不尽然。北齐后主是个真正的昏君，除了冯小怜，什么都不管；而北周宣帝虽然荒唐，但还是管了一件大事——权力。怎么管的？他采取了两方面的措施。

第一，用人。他把自己的亲信都安插进御正、内史等皇帝直属机构，让他们去分割朝廷的权力。

举个例子。当时有一个人叫郑译，是杨坚的同学，此人有文化，通音律，是北周宣帝当太子时的下属。两个人整天一起玩。

当时北周武帝不是派人盯着太子的一言一行吗？他看到这种状况很生气，就把郑译除名为民，赶出宫去了。宇文赟舍不得他，又悄悄地把他叫回来。郑译回来之后，流着眼泪对宇文赟说，太子殿下，您什么时候才能当皇帝？我等得花儿也谢了。宇文赟一听，心说此人天天盼着他当皇帝，真是大大的好人，也感动得不得了。如今他真的当了皇帝，马上就任命郑译为内史上大夫，委以朝政。就这样，北周宣帝身旁聚集了一批亲信少壮派。这些人在朝廷中都没有什么势力，当然只能唯北周宣帝马首是瞻，这样一来，他就有权力了。

第二，杀人。光用亲信还不够，北周宣帝还想解除那些元老重臣对他的威胁。怎么解除？他把很多元老重臣都杀了。其中最著名的有两个，一个是前面提到过的王轨，另一个则是他的亲叔叔宇文宪。

王轨是北周武帝的心腹，当年北周武帝杀宇文护，王轨就是主谋之一。北周武帝去世之前，还把太子宇文赟交给了王轨，王轨也算是托孤的重臣了。自古以来，少年皇帝和辅政大臣都有矛盾，像唐高宗和长孙无忌，康熙和鳌拜，概莫能外。何况王轨还几次三番地说宣帝不堪重任。以宣帝的性格，怎么能容得下这样的人？

宇文宪也一样，此人是平齐过程中最重要的指挥官，也是北周宗室的代表人物。当年，宇文护仅仅是堂兄，就能压制北周的三代皇帝，专权十五年，现在宇文宪是宣帝的叔叔，又素来德高望重，宣帝当然也害怕他以后心怀不轨。怎么办？也杀了吧。

杀了这两位元老重臣还不够，只要是辈分高、名声好的宗室亲王，周宣帝都把他们安排到了外地，这样一来，中央只有北周宣帝独大，这才叫天上地下，唯我独尊。

北周宣帝这样杀人、用人，建立自己的权威，对不对？平心而论，也没什么大错，毕竟主少国疑，加强皇权还是有必要的。

但是，有道是鹬蚌相争，渔翁得利。北周宣帝这样大开杀戒，杨坚可从中获利了。

首先，北周宣帝杀死的这些元老重臣，也恰恰是当年对杨坚疑心最重的人。宇文宪和王轨不都说过杨坚有反相吗？这些人政治敏感度高，对国家责任心强，又有胆量跟皇帝直言。现在，这样的人死了，也就没有人再提醒宣帝警惕杨坚了。

其次，这些元老重臣一死，朝廷里的很多位置就空出来了，总得有人填补，谁来填补？宣帝宠幸的那些亲信资历还不够，而杨坚出身贵族，立过战功，再加上国丈的身份，真是既亲且贵。现在朝廷用人，岂不是非他莫属！

就这样，随着北周宣帝登基，杨坚也迅速从南兖州回到了朝廷，而且地位火箭式蹿升，一年之内，连升三级。官位大前疑，也就是首席宰相；勋位上柱国，也就是北周的最高级勋官；爵位随国公，也算是当时大臣能够得到的最高爵位。

无论从哪个角度讲，杨坚都是位极人臣了。这还不算，宣帝不是刚刚当政一年，就把皇位禅让给了自己七岁的儿子北周静帝了吗？静帝虽然不是杨坚之女杨丽华的亲生儿子，但是，杨丽华毕竟是宣帝的原配皇后，在宣帝的五个皇后中地位最高。按照中国古代的规矩，这个小孩也算是她的孩子。

这样一来，杨坚又成了小皇帝的外祖父，地位更高了。每次宣帝出去巡游，都是他留守京城，这样的权力、这样的信任，和北周武帝时代相比，真是冰火两重天！

三、翁婿斗法

北周宣帝行为荒唐，又没什么政治经验，而杨坚老成持重，政治经验丰富。既然如此，那杨坚就应该好好地辅佐自己的女婿，而宣帝也应该信任自己的岳父，让他放手工作了吧？完全不是这样。

杨坚在北周武帝时代就整天找人算命看相，早有不臣之心。现在自己位高权重，女婿又年轻荒唐，不免产生了非分之想。而宣帝虽然荒唐暴虐，但是在大事上并不糊涂，对于权力一向抓得很紧，眼看岳父声望日隆，当然会产生警惕心。翁婿两人都盯上了权力，自然就会产生矛盾。

有了矛盾，杨坚和北周宣帝的斗法也就开始了。怎么斗？有两件事比较重要。

第一件是收买人心案。第二件则是皇后赐死案。

先看第一件事。什么叫收买人心？这其实和当时的法律制度有关系。当年，北周武帝在位的时候，讲究乱世用重典，法律制度比较严苛。北周宣帝即位之后，有意减轻刑罚，这本来是好事，但是，好事没办好。

北周宣帝还没有想清楚新法律到底要怎么制定，怎么推行，就盲目地把原来的法律废了。根据旧法抓进去的许多犯人也都从监狱里放了出来，算是新皇帝的恩典。可是，这些人本来就不是什么好人，一出来就到社会上为非作歹，真让宣帝觉得打脸。

宣帝大为恼火，头脑一热，马上又颁布了一个新的法律，叫作《刑经圣制》，比原来北周武帝时代的法律还要严酷。矫枉过正之下，老百姓怨声载道。

杨坚看到这种情况，就向宣帝上书进谏说：“法令滋章，非兴化之道。”法律太多了，这可不是好事，希望宣帝要施行仁政。宣帝哪里是听劝的人，马上驳回了。可是，朝廷里这一正一反两种意见传出来后，坊间可就议论纷纷了，都说皇帝拒绝纳谏，而宰相杨坚是个难得的好人。这样的议论传到宣帝耳朵里，宣帝不免产生疑虑：杨坚这么做，是不是有意收买人心？他到底想要干什么？有了这样的疑虑，宣帝对杨坚的防范就加强了。

在这种情况下，又发生了第二个事件，就是所谓的皇后赐死案。

前面提到过，北周宣帝一连封了五个皇后，除了杨坚的女儿是正宫皇后外，还有其他四个由宠妃提拔成的皇后。要知道，后宫本来就是是非场，一个皇后尚且不消停，何况是五个皇后并立。按照想象，肯定争宠争得一塌糊涂了，可事实又不完全如此。其他四个皇后确实经常争宠，但是，只有杨坚的女儿，也就是宣帝的原配皇后杨丽华不争。不仅不争不抢，而且还主动团结其他四个皇后，让这个乱糟糟的后宫维持基本的秩序。

这样一来，整个后宫都对杨皇后印象非常好，愿意唯她马首是瞻。在这种情况下，宣帝是不是很应该感谢她？如果是一般的皇帝，遇到如此通情达理、顾全大局的好皇后，当然要念佛了。可宣帝不是一般的皇帝。他既多疑又暴虐。一看到杨丽华如此得人心，马上把她的表现和杨坚上谏联系起来了。心想，你爸爸在外面收买人心，你在宫里收买人心，你们是要联手篡我的权啊！想到这里，宣帝真是无名火起，对着杨皇后破口大骂道，你不要装贤惠收买人心，我一定要将你家灭族！

本来，这是皇帝暴怒之下的言语，并不一定当真。如果杨丽华服软，在宣帝面前跪地求饶，满足一下他的虚荣心，可能宣帝也就罢了。可是没想到，杨丽华不是这样的性格。她本来就是北周宣帝的正宫皇后，对自己的身份颇当回事，总想着跟宣帝平起平坐，又是贵族之女，从小也是骄傲惯了的，又没有真的做错什么，她怎么可能轻易向别人低头？听了宣帝这句狠话之后，杨丽华镇定自若，就是不认错。

这一下可把宣帝气坏了，这岂不是故意藐视他的权威！宣帝暴跳如雷，当场让她自杀谢罪。赐皇后自杀，这可是件大事，如果真这么执行，遭殃的可不仅是杨丽华，整个杨坚家族都得受牵连啊。

幸好在宣帝和杨丽华闹得不可开交的时候，早有宫女去给杨坚报信了。杨坚一听，吓得魂飞魄散，赶紧让妻子独孤氏飞奔到宫里，向女婿求情。可怜独孤氏一个堂堂柱国夫人，又有岳母之尊，居然忍气吞声，对着自己的女婿叩头求饶，直到头上鲜血淋漓，这才让宣帝消了气，把女儿救了下来。

不过，宣帝虽然暂时饶了杨丽华，对杨家的疑虑可并没有打消。在他看来，杨丽华这么强硬，无非是倚仗杨坚的权势，杨坚不消灭，始终解不了他的心头之恨。所以，这件事没过几天，宇文赟又传令召见杨坚。而且，他还吩咐左右佩刀武士，一旦看到普六茹坚脸上变色，就当场砍死他！

杨坚是什么人？那可是政坛老手了，早就练就了喜怒不形于色的本领。这次宣帝召他，他也知道来者不善，但是，表面上还是神色自若、言语从容，根本没有给佩刀武士动刀子的机会。宣帝想找碴也找不到，只好又把他放走了。

虽然这次侥幸逃脱，但是，杨坚走出宫后，可真是害怕了。他知道，以宣帝的性格，既然对他如此不放心，杀他也只是迟早的事情。

有道是三十六计走为上，杨坚觉得，与其在北周宣帝眼前提心吊胆，朝不保夕，不如先到外面避避风头再说。可是，他已经是首席宰相了，找什么理由才能脱身？杨坚思来想去，决定去求郑译。

郑译是宣帝的宠臣，同时也是杨坚读太学时候的老同学，跟杨坚关系一直不错。杨坚把郑译拉到一个僻静的地方，悄悄对他说，你也知道，我从不贪恋权位，老早就想到地方去享清福了，你在皇帝面前说得上话，希望你看在老同学的面子上，帮我美言几句。

郑译怎么回复他呢？要知道，郑译是个佞人，也是个聪明人。他固然追随北周宣帝，但是，眼看着宣帝凶狠残暴，大失人心，又整天喝酒纵欲，他也怕宣帝长不了。而杨坚在朝廷很有势力，没准儿哪天就修成正果了，他何不结个善缘，也给自己留条后路？出于这样的心态，郑译慨然允诺。他说："以公德望，天下归心，欲求多福，岂敢忘也。谨即言之。"以杨公您的道德威望，真是天下归心了，待您得志，我还得指望您罩着我，我怎么可能不替您办事？您放心，我会尽力办的！

可是，答应归答应，怎么才能让杨坚走，又不引起北周宣帝的疑虑？郑译开始动脑筋了。他知道，宣帝有一块心病，那就是自己在政治上没业绩。宣帝从小一直被爸爸北周武帝打压，形成了强烈的逆反心理，当了皇帝以后，总想证明自己比爸爸强。

可是，当年北周武帝平齐，这可是个大功绩，不容易超越。现在，宣帝要想比爸爸强，那就只剩下平定江南了。因为有这样的竞争之心，宣帝虽然荒唐暴虐，但对于开疆拓土一直很有热情。所以，受到杨坚委托后，郑译就从这个角度去游说宣帝了。

有一天，正好北周宣帝又跟郑译说起平陈之事，打算派他带兵进攻南陈。郑译赶紧说："若定江东，自非懿戚重臣无以镇抚。可令随公行，且为寿阳总管以督军事。"如果要平定江东，不用朝廷懿戚重臣做统帅，难以镇抚，请命令随公普六茹坚随军前往，担任寿阳总管，负责前线军事。

宣帝一听，立刻觉得这主意不错。他看杨坚不顺眼已经有一阵子了，杀了他，又没理由；留着他，又怕他作乱。不如索性让他到外边去，利用他的军事才能为自己打仗。如果打好了，光荣自然还得归皇帝的英明领导；如果打不好，正好借机把他杀掉，怎么都不吃亏。

就这样，大象二年（580）五月四日，北周宣帝任命杨坚为扬州总管，准备发兵南征。接到这个任命，杨坚终于松了一口气，好歹可以活着离开这是非之地了。可是，真到整装出发的时候，杨坚又觉得郁闷了。

一年以前，他刚刚从地方回到中央，那时候，还以为从此飞黄腾达了，没想到又被打回了原形。政治斗争风云变幻，谁知道什么时候才能再回来！更重要的是，他对北周宣帝也不放心。

杨坚不是整天找人给自己看相吗？看来看去，自己也有点无师自通了，他总觉得，北周宣帝长着一副短命相。有一次，他还跟自己的心腹说：“天元实无积德，视其相貌，寿亦不长。加以法令繁苛，耽恣声色，以吾观之，殆将不久。”天元皇帝其实没积下什么功德，看他的面色身形，也不是个能活得久的。他施加的法令繁重而又苛刻，沉溺放纵于淫声与女色，我看他就快要死了。

无论是从北周宣帝不健康的生活习惯还是从所谓的面相上看，杨坚都觉得他活不长。这就让杨坚不放心了。不放心什么？不是担心他死，而是担心他死的时候，自己正好不在场。要知道，如果宣帝死了，肯定政局又要有大变化，如果自己远在地方，鞭长莫及，怎么办？想到这里，杨坚心里又非常纠结，不走不安全，走又舍不得。

那么，杨坚到底走没走？北周的政局，又将面临怎样的变化？

第六章 杨坚辅政

因为北周宣帝的猜疑，杨坚的日子过得战战兢兢、如履薄冰。正当他犹豫着要不要到外地避避风头的时候，公元580年，北周宣帝暴病身亡。按道理讲，本来轮不到杨坚入宫“辅政”。但事实上，杨坚却当上了辅政大臣。杨坚这个辅政大臣当得顺利吗？朝廷中到底发生了什么？是谁帮助了杨坚？

一、祸起萧墙

任命杨坚为扬州总管的诏书下来后，他又眷恋好不容易取得的权力，内心犹豫不决。那么，杨坚到底走没走？他没走。

根据《资治通鉴》的记载，就在这个时候，杨坚得病了，病的名称叫作足疾。这个足疾是真菌感染还是外伤不得而知，反正五月四日，杨坚得到任命书，一直到五月十日，他还没有离开京城。就在杨坚迁延不去的时候，国家出大事了，杨坚的女婿，大魔头北周宣帝一命呜呼了。

就在大象二年（580）五月九日夜里，北周宣帝突发奇想，要人备法驾巡幸天兴宫。本来，皇帝出巡是大事，没有说走就走的道理，更没有连夜走的道理。

但是，北周宣帝是疯子，天杖放在那里，他说的话没人敢不听，所以，随行人员只能二话不说，一窝蜂地跟着他出去了。没想到，刚出去一天，宣帝就生病了，而且病势沉重。

皇帝如果死在宫外，这可是非常危险的事情，关系到国家的稳定。这样一来，左右只好簇拥着病皇帝，火速回宫。回宫之后，宣帝已经进入弥留之际了，赶紧召御正大夫刘昉和颜之仪进入卧室，承受遗诏。为什么要召见这两个人？因为所谓御正大夫，相当于唐朝的中书舍人，是专门替皇帝起草诏书的，现在，他们要起草皇帝的最后一份诏书了。

这个皇帝遗诏应该包括什么内容？按照古代的一般规律，主要内容应该是任命接班人。比如让皇太子柩前即位，通常都会写进遗诏之中。但是，北周的情况又不一样。就在579年，北周宣帝刚刚二十一岁的时候，就已经荣任太上皇，让自己的儿子宇文衍当了皇帝，所以不存在让谁当皇帝的问题。

但是，小皇帝宇文衍刚刚八岁，不能亲政，需要有人辅佐。这时候，遗诏就要解决谁来辅政的问题了。

那么，究竟由谁来辅政？根据史书记载，这时候，北周宣帝已经“喑不复能言”，嗓子哑了，说不出话来，所以，两位草诏大臣的地位一下子重要起来。大权在握，他们何不把自己的想法通过皇帝之口传达出去呢？那么，这两个御正大夫到底怎么决定的？在这两个人之中，刘昉起了主导作用。

据《隋书·刘昉传》里记载：“昉见静帝幼冲，不堪负荷。然昉素知高祖，又以后父之故，有重名于天下，遂与郑译谋，引高祖辅政。”刘昉看静帝幼小，恐怕担不起国家重担。而刘昉跟杨坚很熟，杨坚又是皇后的爸爸，有大名于天下，就和内史上大夫郑译商量，在遗诏中写上杨坚众望所归，让他来辅政。

可能很多读者朋友不理解，就算太上皇已经无法表达自己的意志，北周皇室总还有别人，刘昉和郑译为什么不听听有关人士的意见，就要自己伪造皇帝遗诏？另外，他们为什么会选择杨坚？

先看第一个问题。刘昉等人为什么要伪造遗诏？因为他们是所谓的佞臣。当初，北周宣帝为了提高皇权，拼命打压老臣、宗室，启用没有太深背景的新人。刘昉和郑译正是在这种背景下，凭借东宫佞臣的身份，当上了御正、内史等皇帝身边的侍从角色，成为宣帝的心腹。

这样的人固然对皇帝言听计从，不会威胁皇权，但是，他们也有弱点，就是政治立场特别不稳定。他们在朝廷本来没有什么根基，能够做到这个位置全凭当朝皇帝的宠信，所以，他们的政治抗压力也特别弱。他们深知，一朝天子一朝臣，一旦宣帝去世，他们这些所谓先帝幸臣在新皇帝手下肯定不会有好结果。

要想维护自己的荣华富贵，最好的方法就是拥立一个新的当权者，让自己重新变得重要。有了这样的想法，他们当然就要充分利用手中的权力了。宣帝不行了，又是由他们负责起草遗诏，他们为什么不用好这个难得的权力呢！

再来看第二个问题，他们为什么要选杨坚？这其中有三个原因。

第一，杨坚有权力、有威望，让他辅政，大家基本可以接受。

第二，杨坚平时跟他们关系不错，特别是跟郑译还是太学的同学，算是自己人。既然是他们说了算，为何不选一个自己人？

第三，按照一般的政治原则，辅政大臣通常都是宗室，不会落到杨坚这个外戚头上。正因为如此，如果他们矫诏让杨坚辅政，杨坚才会格外感恩戴德，这才有利于他们今后的发展。

就这样，两个人商量好之后，就假托宣帝命令，召杨坚入宫侍疾。

杨坚正谎称足疾，在家养病，忽然听说让他进宫侍疾，被吓坏了。这个所谓的入宫侍疾是真的还是假的？是不是他迁延不去扬州上任，皇帝生气了，骗他进宫，要杀他？还是皇帝真的病了？杨坚忐忑不安地进宫了。

也是机缘凑巧，杨坚在宫中永巷的东门碰到了术士来和。来和给杨坚看过相，还说他有帝王之相，跟杨坚关系不错。另外，此人跟皇帝关系也很亲密，经常出入宫廷，是个消息灵通人士。

看见来和，杨坚就像捞到救命稻草一样，赶紧问他：“我无灾障不？”我此去会有灾难吗？来和刚从宫里出来，当然知道了几分情况，就微微一笑，说：“公骨法气色相应，天命已有付属。”从您的骨法气色上看，您有当皇帝的样子，天命已经有所嘱托了。杨坚这才稍稍放下心来，进宫了。

杨坚一进去，刘昉和郑译马上就对他摊牌了。他们说，太上皇快不行了，没留下什么政治安排。我们想要替他起草一份诏书，让你给小皇帝当辅政大臣！

听他们这么说，杨坚是什么反应？根据《资治通鉴》记载，杨坚“固辞，不敢当”。坚决推辞，说自己当不了。

杨坚不是一直有野心吗？现在，天上掉馅饼，让他当辅政大臣，他怎么还要推辞？是不是装样子，三让而后受之呢？

其实并不是。要知道，三让而后受之，一般都出现在当权者胸有成竹的情况下，让与不让只是一个程序问题。但是，杨坚此刻可没有这样的把握。北周宣帝眼看不行了，各种政治力量都在激烈地争夺权力，鹿死谁手还不一定，他怎么敢随便推辞？

那他为什么还要推辞？很简单，他没什么心理准备。要知道，虽然杨坚一直觉得宣帝活不长，但是，宣帝毕竟才二十二岁，谁也没想到他会这么快就死。现在事起仓促，谁知道刘昉、郑译他们葫芦里卖的是什么药。杨坚可是个老成持重的人，在情况不明的情况下，他决定，先推辞一下。

问题是，他这样一推辞，刘昉他们可难办了。本来，他们假托圣旨，请杨坚辅政，也是冒了巨大的风险，杨坚如果不领情，不接受，那他们下一步又该怎么办呢？在这种情况下，刘昉真着急了，他说：“公若为，速为之；不为，昉自为也。”你要干就快点儿，你不干，我干。

杨坚一听他说得这样诚恳，知道事情不假，这才放下心来，赶紧说，那还是我来吧。就这样，因为北周宣帝暴卒，也因为刘昉、郑译等人的帮助，杨坚突然咸鱼翻身，从一个备受猜忌、性命难保的倒霉蛋一跃成为北周辅政大臣。

二、控制朝廷

杨坚这样就窃取了权力，也太容易了吧？难道北周真就没人了不成？眼看外戚篡权，大家都不动声色？事情当然不会这么简单。

按照《隋书》以及《资治通鉴》的记载，五月十日北周宣帝去世，五月二十二日才正式发丧，五月二十五日杨坚就任左大丞相、都督中外诸军事，辅佐小皇帝宇文衍。这中间经过了两个星期的时间。很显然，这两个星期就是杨坚控制局面的时间。控制局面为什么要这么久？因为杨坚遇到了三大麻烦。

第一大麻烦，颜之仪不肯在遗诏上签名。

颜之仪是何许人？他就是和刘昉一起在北周宣帝卧室里承受遗诏的人。说到颜之仪，读者朋友并不熟悉，但是，如果说他的弟弟颜之推，大家就有印象了。颜之推是中国第一部成体系的家训类著作《颜氏家训》的作者，民间经常说的“**教妇初来，教儿婴孩**”就是《颜氏家训》里的名言。

颜之仪本来是山东人，儒学传家。后来出仕梁朝，梁朝灭亡后进入北周，凭借自己的文化底蕴，在北周当了太子东宫官。当年，北周宣帝还是太子时，颜之仪就在他的手下。北周宣帝虽然暴虐，但是汉化程度很深，一生推崇文化，喜欢文化人，所以对颜之仪很是欣赏。又加上颜之仪是战俘，在北周孤立无党，所以北周宣帝对他特别放心，把他当成了近臣心腹，让他担任御正大夫，专门负责起草诏书。所以，在宣帝病危的时候，颜之仪就和刘昉一起进入宣帝的卧室之内，聆听皇帝的遗诏。

问题是，当时宣帝已经不能说话了。看到这种情况，刘昉走了出去，过了一阵子又回来了，手里拿了一份起草好的遗诏，上面写着让杨坚辅政，总知内外兵马事，请颜之仪署名。这下颜之仪可就不干了。

虽然宣帝当时已经说不出话来，但是，从平时的心思判断，颜之仪知道，宣帝最不放心的人就是杨坚，他怎么可能引狼入室，让杨坚辅政？颜之仪可是正统儒家知识分子，满脑子忠君的观念，既然食周之禄，就要忠于周朝，怎么能做这么没有良心的事！所以，一看这份假遗诏，颜之仪马上厉声对刘昉说：“**主上升遐，嗣子冲幼，阿衡之任，宜在宗英。方今贤戚之内，赵王最长，以亲以德，合膺重寄。公等备受朝恩，当思尽忠报**

国，奈何一旦欲以神器假人！之仪有死而已，不能诬罔先帝。”意思是说，主少国疑，如果要辅政，也应该由宗室辅政，这才能保证大周江山永不变色。怎么能轮得上杨坚这个外戚！这是欺君罔上，我不过是一死而已，坚决不能签字。

这就麻烦了，颜之仪不签字，这遗诏就没有法律效力！

怎么解决？根据史书记载，刘昉干脆把颜之仪给抛开，又找了一个人，替他签字了事。

可能读者朋友们会疑惑，别说是皇帝遗诏，就算是如今上班打卡，请人代替都是一件极其为难的事，刘昉怎么就有本事，让其他人替颜之仪签字呢？事情确实没有这么简单。刘昉找人替颜之仪签字不假，但是，这绝不是他一个人能做主的事情，背后恐怕还有人支持。谁呢？杨坚的女儿，太后杨丽华。

杨丽华是个温柔的女人，在政治上没什么野心。但是，也正因为如此，一旦北周宣帝暴死，她才真的慌了神，以后他们孤儿寡母怎么办？古往今来，做女儿的最信任的就是自己的娘家了，杨丽华也不例外，她是真心实意地希望老爸杨坚能帮她一把。

现在，刘昉矫诏让杨坚辅政，她当然高兴。可是，颜之仪不署名，遗诏就不能生效。这时候，杨丽华就来行使皇太后的权力了。《隋书·天文志》记载得清清楚楚：“宣帝崩，杨后令其父随公为大丞相，总军国事。”换言之，在刘昉和颜之仪发生争议的情况下，皇太后杨丽华做了最后的仲裁，让杨坚辅政。皇太后懿旨在此，颜之仪还有什么可说的，干脆弃权了。也只有在这种情况下，刘昉才敢找个人替他签字了事。

就这样，因为刘昉和郑译的阴谋，也因为杨丽华的最后拍板，所谓的宣帝遗诏顺利出炉，杨坚成了辅政大臣，总知内外兵马事。第一个麻烦顺利解决了。

可是，第一个麻烦刚刚解决，第二个麻烦又接踵而至。杨坚的官职要怎么安排？以什么名义辅佐小皇帝？

这时候，刘昉和郑译两个人又来出主意了。他们提出了一个一揽子安排，请杨坚当冢宰，也就是最高行政长官；然后，由刘昉做小冢宰，给杨坚当副手；而郑译则担任大司马，掌管军事。当年宇文护专权的时候，职务就是冢宰，现在，让杨坚接着当这个官，杨坚应该满意吧？杨坚才不买账。要知道，自从北周武帝杀了宇文护之后，冢宰的权力就被削弱了。它只是名义上的六官之首，并没有真正的统辖百官的权力，也不掌握军权。

现在刘昉、郑译拿出这个方案，目的很明显，就是要分割权力。刘昉当小冢宰，这是分割行政权力；郑译当大司马，这是分割军事权力。

政权、军权都被分割了，那杨坚这个辅政就成了摆设。这也正是刘昉、郑译愿意冒险伪造遗诏的真实目的。以他们的资历和地位，不可能自己当辅政大臣，所以不如把这个名分给杨坚，但是，既然冒险一场，也不能白给他人做嫁衣，自己总要分点权力。

一看他们这个方案，杨坚心里咯噔一下，刘昉、郑译可是自己的大恩人，他们提出的要求不好拒绝。可是，如果不拒绝，自己这个辅政大臣所为何来？这又是一个大麻烦。怎么办？

这时候，内史上士李德林出面帮忙了。此人原本是北齐的大臣，也是名满天下的才子。北周平定北齐，北周武帝专门派人到他家请他出山，而且说了一句话：“平齐之力，唯在于尔。”我平齐，最大的收获就是得到了先生您。可见对他的器重。但是，到北周宣帝一朝，因为信用佞臣，李德林就被冷落到了一边。正在郁郁不得志的时候，北周宣帝暴卒了。

这时候，杨坚派人找上门来，说：“朝廷赐令总文武事，经国任重，非群才辅佐，无以克成大业。今欲与公共事，必不得辞。”朝廷现在让我来总管文武大事，但这不是我一个人办得到的，所以我希望和诸公群策群力来办好这件事，在所有人里头，您的分量很重，希望您能够好好地帮助我。

这话说得太好听了，中国知识分子自古讲究士为知己者死，李德林当然也不例外，马上慨然允诺。

现在，杨坚不知道怎么抵挡来自刘昉、郑译的温柔一刀，来找李德林商量，李德林立刻给他出了一个主意。李德林说，索性不要在北周的官职系统里打转转了，不如另设一个官，叫大丞相，而且假黄钺、都督中外诸军事。

这个职务有什么意义？这个职务可太厉害了。所谓大丞相，当然是总揽朝政，假黄钺是掌握百官的生杀大权，而都督中外诸军事则是掌握军事大权。这三个头衔都加在一个人头上，就是军事、政治、人事权力一把抓，这才是真正的权臣。

那刘昉和郑译怎么解决？好办，让他们当丞相府的长史和司马，给杨坚服务。

这样一来，刘昉和郑译可傻眼了，本来是想和杨坚一起给北周打工，现在成了给杨坚打工了。不过，这两个人毕竟都是小臣，没什么势力，事已至此，也只能吃哑巴亏了。就这样，第二个麻烦又解决了。

但是，紧接着，第三个麻烦又来了。大臣们并不买杨坚的账。

怎么回事？五月二十二日，杨坚给北周宣帝发丧，五月二十五日，小皇帝北周静帝亲政，杨坚就任左大丞相、假黄钺、都督中外诸军事。同时，他还宣布，让小皇帝搬到当年北周宣帝居住过的天台，把东宫，也就是正阳宫腾出来，改作丞相府。

一个大臣，把皇帝赶走，住到皇帝的房子里，这可是僭越。这个命令一颁布，文武百官真是傻眼了。他们倒未必知道北周宣帝死后的猫腻，也不见得知道杨坚是矫诏当上的辅政大臣。

问题是，就算皇帝真让他当辅政大臣，他也不能这么放肆，这明摆着是想篡权嘛！大臣们三三两两地嘀嘀咕咕，好像都有不同意见。

要知道，想当权臣，控制朝廷是关键。如果大臣都不肯追随，杨坚这个辅政的位置也坐不稳。

怎么办？又有一个人出面支持杨坚了。谁呢？卢贲。卢贲本来也是北周宣帝当太子时候的东宫官僚，后来平齐有功，转为司武上士，也就是皇帝禁卫军的军官，而他的顶头上司就是杨坚。就是在杨坚手下工作期间，卢贲发现，杨坚不是一般人，所以“深自推结”，投靠杨坚了。

现在，杨坚矫诏辅政，就把卢贲调到了身边。杨坚宣布丞相府搬家的时候，卢贲就率领着卫士在外面候着。眼看大臣们大眼瞪小眼，表现得犹犹豫豫，卢贲对着这些人大声说：“欲求富贵者，当相随来。”谁要是想富贵，赶紧跟着丞相走！

一听卢贲这么说，有些大臣心思机灵，醒悟过来了，赶紧跟着杨坚，但是，也有些大臣内心拐不过这个弯来，还想着要忠于周朝，不愿意跟杨坚合作，甚至掉头就要往外走。

卢贲哪能让他们走？早安排卫士挡在门口了。眼看着明晃晃的刀枪剑戟，大臣们还有什么可说的，只能跟着杨坚走了。于是，前头杨坚带路，后面卢贲押送，浩浩荡荡地直奔正阳宫而来。可是，到了宫门口，又遇到麻烦了。

守卫宫门的卫士也是死心眼，只认得小皇帝宇文衍一个人，现在看见杨坚过来，就是不让进。这怎么办？这时候，卢贲又出面了。他对卫士说，现在丞相辅政，一切都要听从丞相安排。这话说得很明白了，可是，卫士还是不干。这可把卢贲惹恼了，把脸一沉，“瞋目而叱之”，要知道，卢将军也是武将出身，可能也是豹头环眼一类的长相，他把眼睛一瞪，卫士立刻害怕了，乖乖地把门打开，退到了一边。杨坚这才顺利地入主正阳宫。第三个麻烦也顺利解决了。

就这样，因为得到少壮派的支持，再经过一番文攻武斗，杨坚成功地掌握了大权，一次不流血的宫廷政变宣告成功落幕。到这一刻，天下固然还是北周的天下，但是，谁都知道，随着杨坚冉冉升起，变天的时间不会太远了。

那么，这场政变为什么能够成功？应该是四方面力量共同作用的结果。

第一，北周宣帝的力量。众所周知，北周宣帝青年暴卒，给了杨坚辅政的机会。但事实上，北周宣帝的作用还不止于此。当年，他为了加强中央集权，大规模地削弱宗室，有实力的宗室或者被杀，或者被流放到外地，以致在他病危的情况下，长安城根本找不出来一个可以主事的宗室，这才给杨坚可乘之机。所以说，虽然他在主观上猜忌杨坚，但在客观上，倒给杨坚帮了大忙。

第二，北周宣帝近侍的力量。在北周宣帝暴崩的情况下，刘昉和郑译矫诏让杨坚辅政成为左右时局的关键。正因为他们的作用如此巨大，所以，对于这场政变，古人有一个形象的说法，叫作“刘昉牵前，郑译推后”。刘昉和郑译官职不高，为什么能发挥这么大的作用？归根结底还是因为北周宣帝的政治考虑。北周宣帝为了巩固皇权，疏远大臣，启用新锐，把他们都放在亲近侍从的岗位上。正是这种安排给了刘昉和郑译可乘之机，在北周宣帝病危的情况下，他们利用起草遗诏的机会让杨坚辅政，直接导演了这场政变。

北周宣帝为了坐稳江山而启用心腹，最后江山就葬送在这些心腹手里，真是让人感慨万千。

第三，皇后的力量。杨丽华这个女儿给杨坚的帮助太大了。她不仅让杨坚有了一个国丈的身份，从而有了篡权的基础，还动用自己皇太后的身份，最终拍板让杨坚辅政，这可是政变过程中的一个关键环节。后来，杨坚谈到这个女儿时，一再表示“公主有大功于我”，此话绝非虚言。

第四，杨坚个人的力量。所有前面提到的势力都为杨坚辅政做出了贡献。但是，一定要知道，杨坚可不是所谓傻人有傻福，只是因人之力就能当上辅政大臣。事实上，杨坚本人在整个事件过程中起到了非常重要的作用。给他帮忙的刘昉、郑译、李德林、卢贲等人，或是杨坚平素结交的朋友，或是杨坚在关键时刻网罗的人才。结交朋友、发现人才，这其实也是统治者的基本素质。当年，北周宣帝要置他于死地，而刘昉、郑译等人愿意拥戴他，可能都是因为他具有这样的素质吧！

以大丞相的身份辅政，其实已经迈出了篡权的关键一步。这时候，杨坚沉浸在巨大的喜悦之中，但与此同时，恐惧感也油然而生。权臣固然离皇帝只有一步，但是离杀头也只有一步。宇文护就是先例啊！

据史书记载，杨坚成为大丞相之后，心里不安，连夜召见太史中大夫庾季才，问他："吾以庸虚，受兹顾命。天时人事，卿以为何如？"意思是说，我到底有没有天命？

庾季才听了微微一笑，回答道："天道精微，难可意察。窃以人事卜之，符兆已定。季才纵言不可，公岂复得为箕、颍之事乎？"就算没有天命，你还能退得回去吗？

杨坚一听，默然良久，最后说了一句："诚如君言。"这是来自外廷的鼓舞。

更重要的鼓舞来自家人。史书记载，就在杨坚战战兢兢、如履薄冰的时候，夫人独孤氏派人传话给他，说："大事已然，骑兽之势，必不得下，勉之！"你已经是骑兽难下了，好好干吧！

看来，一旦走出了这一步，就是开弓没有回头箭了。只能是过河卒子，努力向前。那么，杨坚还会遇到哪些问题？

第七章 剪除宗室

北周宣帝暴崩，命运之神把杨坚推到了历史的前台。在刘昉、郑译的帮助下，杨坚矫诏当上了辅政大臣。而按照常理，辅政大臣应该在宗室，也就是北周宣帝的叔伯或者兄弟中产生，无论如何也不应该落到杨坚这个外戚的头上。对于杨坚辅政，北周的宗室会如何反应？通过非正常手段当上辅政大臣的杨坚，又会如何对待北周宗室？双方又将展开怎样的较量？

一、剪除京城宗室

因为北周宣帝暴崩，杨坚在刘昉、郑译等人的推戴下成为辅政大臣，出任左大丞相、假黄钺、都督中外诸军事。这就迈出了篡权的关键一步。

但是中国古代王朝都是家天下，要想改朝换代，不仅仅要换皇帝，还要把整个皇族，也就是宗室都换一遍。现在杨坚既然已经走上了这条道路，马上，对宗室的清洗也就开始了。

怎么清洗？杨坚把宗室分成了两部分。

第一部分是在京的王爷，具体说来，就是北周宣帝的亲弟弟汉王宇文赞和北周宣帝的堂兄毕王宇文贤。

第二部分则是京外的王爷，具体说来，就是北周宣帝的五个叔叔，赵、陈、越、代、滕五王。

对付身在京城的汉王宇文赞，杨坚采取的策略是先拉后打。

当初考虑杨坚官职的时候，李德林出的主意是让他担任大丞相。但是，到了实际任命的时候，这个职衔又变成了左大丞相。有左大丞相就有右大丞相，而这个右大丞相，就是汉王宇文赞。

宇文赞刚刚十五岁，平时酷爱吃喝嫖赌，是个五毒俱全的家伙。不过，此人不成器，对于杨坚来说倒是一件好事。皇帝年幼，杨坚以外戚身份总揽大权，但是，毕竟当时还是北周的天下，为了掩人耳目，他总得拉一个宗室撑门面。

拉哪个宗室？汉王宇文赞是最好的选择了。他是北周宣帝的亲弟弟，小皇帝的亲叔叔，身份尊贵，无人能比，让他出面辅政，名正言顺，谁也说不出什么来。但是与此同时，他又年少轻狂，不学无术，让他辅政，不会对杨坚构成威胁。就这样，宇文赞被放在了右大丞相的位置上。

右大丞相和左大丞相哪个官位更高？右大丞相更高，算是充分体现了对北周宗室的尊重。当然，这种工作安排，本来就是名义上的，杨坚可不打算让宇文赞发挥任何作用。

可是，宇文赞不是个聪明人，看不透形势，接受任命之后，他还真把自己当回事了，每天准时准点地到丞相府上班，和杨坚坐在一起办公。这多碍手碍脚，把杨坚搞得很无奈。怎么办？杀了他？那岂不要舆论哗然？既然他蠢，就骗骗他吧。

这方面，佞臣出身的刘昉是高手。刘昉最知道怎么对付这些不成器的家伙了。知道宇文赞好色，刘昉就在外面找了几个绝色的歌伎，精心打扮之后，献给宇文赞，宇文赞一看，乐得合不拢嘴。赶紧问刘昉，你怎么对我这么好？

刘昉说："大王先帝之弟，时望所归。孺子幼冲，岂堪大事！今先帝初崩，群情尚扰，王且归第。待事宁之后，入为天子，此万全之计也。”大王您是先帝的弟弟，众望所归的人物。现任皇帝宇文衍这么小，怎能担负起治理天下的重任！所以，最终还得您来！只是现在先帝刚刚去世，人心不稳，还不便贸然行动。依我看，您不如先回自己的府第，韬光养晦，不要引人注目。等待事情安定后，我一定想办法迎立您为天子，这才是万全之计。

刘昉这番迷魂汤一灌，宇文赞马上晕了头，乖乖地带着美女回府，等待刘昉的好消息。就这样，碍手碍脚的右大丞相解决了。

搞定了宇文赞，接着就要对付北周宣帝的堂兄，毕王宇文贤了。毕王时任雍州牧，也就是首都所在地的行政长官，相当于北京市市长。此人精明强干，又是个实权人物，可不像宇文赞那么好对付。

怎么办？有一个人立了大功。谁呢？杨雄。杨雄跟后来的女皇武则天是亲戚，他是武则天的母亲杨夫人的大伯，算是武则天的伯外祖父。不过，杨雄在当时的重要性可不是因为武则天，而是因为杨坚。他是杨坚的族侄，而且，当时正好担任雍州别驾，是毕王宇文贤的手下。

杨坚五月二十五日出任的左大丞相，六月十日，杨雄就出面举报了，说毕王宇文贤和同党诽谤执政者，阴谋作乱，这可是谋反罪啊。任何时代，谋反罪都是要严惩的。所以，接到杨雄的举报后，杨坚二话没说，就把毕王宇文贤抓了起来，全家处死。

毕王一死，他雍州牧的官职也就顺理成章地落在了杨雄头上。这对杨坚可是太有利了。一方面，解决了宇文贤这个危险分子；另一方面，则是把自己的亲戚安插在了重要岗位上，真是一举两得。这样一来，京师里的两位重要王爷都解决了。

二、五王事件

解决了京师的宗室，接着该解决京外的王爷了。当时，在京师以外的王爷有五个，分别是赵王、陈王、越王、代王和滕王。这五个人的身份可不一般。前面被解决的京师两位重要王爷都是北周宣帝的兄弟，而京外这五个王都是北周宣帝的叔叔，也就是北周的实际开创者宇文泰的儿子。这些人年富力强，政治经验丰富，正处在人生的巅峰状态。

既然如此，为什么他们都被京外安置呢？这全是因为北周宣帝。宣帝一直致力于加强权力，五个强大的叔叔自然成了他的眼中钉、肉中刺。当上皇帝之后，马上把几个叔叔都外放到地方了。

具体外放到哪里呢？正好北齐刚并入北周，也需要重臣镇守，所以，这五个叔叔里，除了滕王的封地在河南新野以外，其他的四个王都被安排到原来的北齐故地，距离长安非常遥远。

正因为如此，北周宣帝去世的时候他们都不在长安，这才让杨坚捡了个大便宜。既然这五位王爷实力强大，杨坚要想谋权篡位，当然也容不下他们。

问题是，怎么解决他们？在这个问题上，杨坚可没少费心，他分了五步走。

第一步，骗入京师。五个王都在地方，如果杨坚改朝换代，他们很可能就在地方起兵造反。这可是个大问题。所以，当务之急是要把他们集中到京城来。问题是，怎样才能让这五个王都到长安来？在这个问题上，不同史料就有不同说法了。

第一种说法是《隋书·高祖纪》的记载，说五王是被杨坚骗来的。

杨坚在给北周宣帝发丧之前，已经假借皇帝的名义，向五位王爷发布了一道诏令，说千金公主要下嫁突厥和亲，请他们入朝观礼。

要知道，千金公主就是赵王的女儿，她被册封为公主，和亲突厥，那是一年前就定好的事情。而且，突厥的使者二月就已经到长安来迎亲了，所以，这个理由顺理成章，五王也没有怀疑，就纷纷上路了。

第二种说法则是《隋书·崔彭传》的记载，说五王是被绑架来的。

崔彭是北周的一个将军，很有武功，杨坚就派他带了两个随从到齐州去请陈王宇文纯。

崔彭在离王府三十里的驿站就停住了，派随从到陈王府去，声称自己有皇帝的诏书要向陈王宣读，但是，现在身染重病，没法走了，请陈王屈尊到驿站来。陈王一听，马上带着大批随员骑马来到了驿站，显然是有所防范。

这时候，崔彭说，我要宣读诏书了，请王爷下马。

陈王刚一下马，崔彭的两个随从马上就扑了上去，把陈王绑了起来。事发仓促，陈王的随员目瞪口呆。这时候，崔彭对着他们大喊："陈王有罪，诏征入朝，左右不得辄动。"左右一听崔彭这么说，不明真相，只好纷纷散去。就这样，陈王被绑架到京师来了。既然陈王有这样的经历，以此类推，其他四位王爷应该也都受到了类似的胁迫。

这第一种说法和第二种说法究竟哪个更接近事实？虽然《隋书·崔彭传》中的说法更加活灵活现，但是，我个人认为，恐怕还是第一种说法更可靠。

第一，召五王进京是事关杨坚成败生死的一件大事，杨坚肯定是慎之又慎，一定要确保万无一失。既然如此，他怎么可能只让崔彭带两个随从就去抓人？万一失手怎么办？

第二，杨坚虽然想要谋权篡位，但是，他当时的身份毕竟还是辅政大臣，对北周的宗室至少要保持明面上的尊重。这一点，从他让宇文赞当右大丞相就可以看出。既然如此，他怎么可能轻易对王爷动粗？

第三，如果杨坚跟五王都已经撕破脸皮，把他们绑架到长安，那么到长安之后，一定会迅速地把他们杀掉，至少是关押。但是，从事态的发展来看，至少在五王回到长安之后不久，杨坚对他们还是非常礼遇的，这就和此前的行动矛盾了。

这样看来，还是应该相信《隋书·高祖纪》的说法，五王是被骗来的。骗来之后，杨坚就要执行第二步了。

第二步，敲山震虎。怎么敲山震虎？就是利用前面提到过的毕王宇文贤谋反案。根据史书的记载，五王是在六月四日回到长安的，回来之后他们才发现，这长安城已经是杨坚的天下了。眼看着杨坚咄咄逼人，而北周的江山摇摇欲坠，这五位王爷当然不甘心。他们马上就跟京城里的王爷联络了，想要齐心合力拯救北周。其中，他们最重要的联络对象就是毕王宇文贤。

结果，就在六月十日，杨雄告发了毕王的谋反罪，杨坚随即处死了毕王一家。这不是杀鸡骇猴吗？虽然没有把五王牵扯进去，但是也狠狠地警告了他们一下，谁要是图谋不轨，毕王就是前车之鉴！

但是，很多时候，一味高压是不行的，五王毕竟德高望重，对他们太过严厉可能会引起舆论不满，更重要的是，当时，尉迟迥等三个将军已经在地方发动了叛乱，口号就是匡扶周室，杨坚可不想搞得内外交困。

在这种情况下，他又开始走第三步了。

这第三步叫作糖衣炮弹。杀死毕王宇文贤，已经把五王都震慑了一把。一个月之后，杨坚又主动向五王示好了。七月十六日，杨坚让小皇帝北周静帝下诏，令五王“**入朝不趋，剑履上殿**”，表示尊崇。

五王是小皇帝的爷爷辈，地位尊贵，以后，他们入朝的时候就不用一路小跑了，而且可以穿着鞋、带着佩剑进殿，这在古代当然是很大的优礼。

杨坚为什么要这么做？一是要缓解五王对他的警惕心，另外也是做给天下人看的。地方那些叛乱分子不是说他要谋夺北周天下吗，他想让大家看看，自己对北周宗室多好！所以，这也算是他收买人心的一个举措。

不过，凡事有利就有弊。这样优待五王，固然可以在一定程度上收买人心，但是，在地方大乱的情况下，这也毕竟存在着极大的风险。五王位尊，万一趁乱造反怎么办？还有，更可怕的是，万一五王和地方上的叛乱分子勾结怎么办？所以，很快，杨坚就抛弃了这种做法，开始实施第四步了。

第四步是重拳出击。具体说来，就是杨坚利用一次所谓的谋杀事件，一举把两个王爷给剿灭了。据《周书》《资治通鉴》的记载，此事并非杨坚挑起来的，而是赵王宇文招主动挑起的。赵王当时痛恨杨坚专权，想谋杀杨坚，就请杨坚到自己家喝酒。杨坚害怕他下毒，又不好拒绝，只好自己带着酒肉去了。

杨坚到了之后，赵王就在房间摆开酒席。他的两个儿子和一个小舅子都在左右佩刀侍立，另外还有好多壮士埋伏在后院。而杨坚只带了两个随从，一个是堂弟杨弘，另外一个是心腹元胄。两个人坐在门边，很明显寡不敌众。

这也罢了，喝了一会儿之后，更惊险的事情发生了。当时大家都有点醉了，要吃水果解解酒。这时候，赵王的两个儿子就把果盘端了过来。赵王则拔出佩刀，用刀尖插着果盘里的西瓜往杨坚嘴里送，而且，杨坚刚吃完一块，另一块马上又到嘴边了。这不明摆着想要刺杀杨坚吗？相当于当年鸿门宴上的项庄舞剑啊！看到这么紧张的场面，元胄可坐不住了。他对杨坚说，相府还有事，请丞相赶紧回去吧！

一听元胄说话，赵王马上把脸沉了下来，教训他说，我和丞相说话，你算哪根葱，敢随便插嘴，还不快快退下！元胄也是大将军，素来勇敢自负，怎么会听赵王的？不仅不听，还气呼呼地瞪着赵王，而且提起刀就站到了杨坚的身边。

赵王一看不好对付，赶紧又换上一副笑脸，赐元胄喝酒。还说，我请丞相喝酒，难道还有恶意不成？你也太多疑了吧！元胄软硬不吃，继续站在杨坚身边。

有这么一个雄赳赳的保镖在旁，赵王自己不好下手了，怎么办？他不是还安排了卫兵埋伏在后堂吗？

俗话说，饿虎架不住群狼，只要大家一拥而上，就算是元胄勇猛，恐怕也无能为力了。于是，赵王就装出一副喝醉了的样子，假装要吐，起身往后院走。没想到，他还没起利索，就被元胄一把按在椅子上。这位赵王还真是坚韧顽强，一次不成，就再试一次。元胄也不含糊，又把赵王给按了下去。就这样，他一连试了三次，每次都是刚起来，就被元胄按下去，根本没有到后院的机会。

赵王一看这招不行，又换了一招。他对元胄说，我现在渴得要命，你既然不让我动，就劳驾你到厨房给我拿杯水。这明摆着要把元胄支开。如此小儿科的做法，元胄怎么可能上当，根本不理他，就是不离开杨坚。

就这样，双方僵持在那里了。正好这时候，五王中的另一个王——滕王来拜访赵王。王爷驾临，身为大臣的杨坚赶紧起身，到台阶下迎接。趁这个机会，元胄赶紧凑到杨坚耳边说，这里情况异常，请丞相赶紧离开！

没想到，杨坚根本不听，还对他说，赵王手上又没有军队，能做出什么事来？元胄一听简直郁闷死了，说，我的傻丞相，大周所有的兵马还不都是他宇文家的！他如果先发制人，那就全完了。我劝您走，并不是因为我怕死，我是怕就算死了也保护不了您啊！

元胄都说得这么恳切了，杨坚什么反应？还是没反应。他摇摇头，又回到座位上去了，接着跟赵王和滕王一起喝酒。元胄没办法，只好继续站在身边守着。

就在这时候，忽然卧室后头传来盔甲碰撞的声音。元胄一听急了，是不是埋伏的人得到信号，起身要出来了？赶紧上前对杨坚说，丞相府公务繁忙，丞相您怎么能在这里逗留？不容分说，拉起杨坚就往外跑。杨坚如果跑了，这鸿门宴不就白设了吗？所以，赵王也赶紧往外追，可是，元胄怎么可能让他追上？

怎么拦赵王呢？很简单，元胄长得膀大腰圆，铁塔一般。他身子一横，就把卧室门给堵住了。赵王往左也挤不出去，往右也挤不出去，干着急，没办法。这时候，杨坚已经跑到大门口了，元胄估计没事了，这才放开房门，跟着杨坚走了。看着杨坚远去的背影，赵王恨得直弹手指头，把指甲都弹出血来了，自己怎么就这么窝囊，没早点动手！事已至此，赵王再恨也没用了。

第二天，杨坚就下诏说，赵王宇文招和越王宇文盛谋反，想要谋杀他，顺势把这两位王以及他们的儿子都杀了。

这段记载讲得活灵活现，有语言，有动作，紧张激烈，真让人有身临其境之感。问题是，它可不可信？我觉得，虽然《周书》《资治通鉴》都言之凿凿，但它的疑点太多了。

第一，赵王的表现太傻了。既然已经决定要刺杀杨坚，就要制订周密的计划。比如第一套方案是什么，第二套方案又是什么，方案之间如何转换，等等。如果事先制订了计划，一旦发现自己用喂西瓜的方式刺杀不成，就应该摔杯为号，或者举杯为号，或者做出任何一种暗示，让后面埋伏的士兵冲出来，怎么还会需要装吐，亲自跑到后庭去叫士兵？这不是太笨了吗？

第二，杨坚的表现也太笨了。居然连赵王要刺杀他都看不出来，甚至在元胄百般提醒他的情况下仍然坚持要把饭吃完，这样很傻很天真的人，怎么当得了权臣，当得了皇帝？

第三，这件事情的处理太离奇了。本来，按照各种史书的记载，涉案人员应该是赵王宇文招和后去的滕王，可是，最后在处理的时候，处决的居然是赵王和越王两家。越王岂不是太冤枉，而滕王岂不是太幸运了！完全没有道理可言。

第四，也是最重要的疑点，这个故事本身太传奇，太像我们熟悉的鸿门宴了。为什么会有这样的相似性？不是杨坚和赵王亦步亦趋地模仿刘邦、项羽，而是史书的作者直接把鸿门宴改头换面，放到北周了。

既然这段记载不可信，那真实情况应该是怎样的？

《隋书·高祖纪》中的一句话透露了一些蛛丝马迹："五王阴谋滋甚，高祖赍酒肴以造赵王第，欲观所为。"并不是像其他记载那样，是赵王请杨坚喝酒，而是杨坚主动拿着酒肉找上门来，请赵王喝酒。换句话说，杨坚是有备而来，而赵王倒是措手不及，所以才会有喝酒过程中，滕王忽然闯进来的事情发生。

既然赵王没有准备，当然更不可能有刺杀杨坚的举动。但是，欲加之罪，何患无辞！杨坚喝完酒回去，就编造了一个险些遇刺的故事，加罪于赵王。

那为什么后来处死的是赵王和越王两家？这应该是杨坚早就计划好的事情。赵王和越王在宗室中都以文韬武略著称，特别是当时尉迟迥起兵，推戴的就是赵王的儿子，按照他的计划，这次事件就是要除掉赵王和越王。因此，虽然滕王中途闯进来，但是事出偶然，不在杨坚的计划之内，也不予追究，而越王虽然始终没有露面，但还是和赵王被一并处死了。

一下子处死两位爷爷级的亲王，这可是震惊朝野的大动作，所以叫重拳出击。经过这次出击，五王这边元气大伤，基本上没什么还手之力了。但是，既然杨坚想要篡位，那剩下的几个王做什么或者不做什么就都不重要了，他们活着本身就是罪过。到了大象二年（580）秋冬之际，杨坚开始执行第五步了。

这第五个步骤可谓斩尽杀绝。前面说过，大象二年（580）的六月，尉迟迥等将军在地方发动了反对杨坚的叛乱。到十月，这些叛乱都已经被平定了，改朝换代的事情正式被杨坚提上议事日程，在这种情况下，剩下的几个王也就开始碍事了。

就在大象二年（580）十月和十二月，杨坚又先后以谋反罪诛杀了还活着的陈王、代王和滕王以及他们的家属，至此，北周最有政治能量的五王都被消灭殆尽。北周皇室之中，也就更没什么人能够阻挡杨坚改朝换代的步伐了。

在消灭五王的过程中，我屡次提到了尉迟迥等三位将军的叛乱。很明显，这两件事交织在一起，共同构成了杨坚篡权的巨大障碍。那么，这三位将军的叛乱是怎么回事？杨坚又是怎样解决的？

第八章 三方叛乱

杨坚矫诏当上辅政大臣后，一方面稳定朝廷，一方面铲除北周宗室，改朝换代的态势已经相当明显。看起来，北周变天的日子不远了。但就在这时，北周的元老大臣们不干了，一时间，三个既有实力又有资历的老臣，在地方相继起兵，向杨坚发难。杨坚将如何应对？

一、乱起三方

北周宣帝暴崩，杨坚凭借国丈的身份，在刘昉、郑译的推戴下矫诏辅政，准备改朝换代。他这么一搞，北周的元老大臣可就不干了。

魏晋南北朝时期改朝换代的事情太多了，元老大臣倒未必特别忠于北周。问题是，就算北周气数已尽，要改朝换代，那也轮不到杨坚。杨坚算什么？手里既没有武装，又没有地盘，就凭国丈的身份，就凭皇帝死的时候他恰好在京师，就凭几个小臣矫诏推戴，他就想改朝换代？这也太便宜他了！就在杨坚就任左大丞相之后不久，三个既有实力又有资历的老臣，也是北周的三个大军区司令，马上发作了。

第一个，相州总管尉迟迥，治所在今天河北临漳。

第二个，郧州总管司马消难，治所在今天湖北安陆。

第三个，益州总管王谦，治所在今天四川成都。

这三个总管为什么格外和杨坚过不去？因为他们的身份都比较特殊。

先看尉迟迥。此人当时已经七十多岁了，是杨坚父亲一辈的人物，他有两重身份非常重要。第一个身份，他是北周实际开创者宇文泰的外甥；第二个身份，他是北周宣帝的爷爷丈人，也就是当时小皇帝北周静帝的太爷丈人。这个身份又是怎么回事呢？

宣帝宇文赟立的五个皇后中有位尉迟皇后，曾经是宣帝的侄媳妇，后来被宣帝看中，强行留在宫里当了皇后，那位尉迟皇后就是尉迟迥的孙女，这样一来，尉迟迥就成了宣帝的爷爷丈人，当然也就是北周静帝的太爷丈人了。把宇文泰外甥和北周宣帝爷爷丈人这两个身份综合起来看，尉迟迥跟北周的关系比杨坚还亲，不能眼看着杨坚成了北周的当家人。

再看郧州总管司马消难。此人也大有来头，他是北周当朝皇帝静帝的老丈人。北周静帝七岁的时候，娶了司马消难的女儿司马皇后。若是杨坚篡夺了北周的天下，司马消难的女儿往哪儿摆？再说了，按照司马消难的意思，就算篡权，也得他这个当朝国丈篡，哪轮得上杨坚这个前国丈！

接着看益州总管王谦。王谦的情况就比较不同了。他不是哪个皇帝的老丈人，但是，他对北周的感情深。他的爸爸是西魏十二大将军之一，也是北周著名烈士，他就是因为烈士子弟的身份才当上益州总管的。正因为如此，王谦格外忠诚于北周，总觉得自己世受国恩，无论如何都要尽忠报国，怎么能够容忍杨坚谋权篡位。

这三位总管既有实权，又都不满意杨坚谋权篡位，就决定起兵清君侧，誓把杨坚拉下马。其中，最先起兵的就是相州总管尉迟迥。

尉迟迥率先起兵，有两方面的因素。

第一，他实力强，野心也就格外大。

第二，也正因为他实力强，杨坚是最先拿他开刀的。

先看第一点。尉迟迥有什么实力？他当时的身份是蜀国公，相州总管。

杨坚不是随国公吗？看起来和尉迟迥实力相当。但是，杨坚这个随国公是从爸爸手里继承来的，而尉迟迥这个蜀国公可是因为自己带兵征服蜀地打下来的。

众所周知，四川是关中地区的大后方，关中只有和四川联系在一起，才是进可攻、退可守的宝地。所以，能够把四川并入北周的版图，这当然是莫大的功劳，这样得来的蜀国公岂是杨坚能比的？

另外，尉迟迥担任相州总管，镇守原来北齐的都城邺城。这可是极其重要的职位，也是北周所有的总管之中实力最强的一个，有这样的身份和实力，尉迟迥难免有点儿非分之想。

据《资治通鉴》中记载，杨坚在五月二十二日给北周宣帝发丧，各地都要为皇帝举哀。正好有一个朝廷派出的巡视员叫杨尚希，当时就在相州，于是就和尉迟迥一起给宣帝举哀。但是，举哀完毕之后，这个巡视员连夜就从相州往长安跑了。

他说："蜀公哭不哀而视不安，将有他计，吾不去，将及于难。"什么意思呢？我看蜀国公尉迟迥哭得一点都不伤心，明显是假哭，而且一边哭，一边眼珠子乱转，像是有什么心事。我觉得他恐怕是图谋不轨，我要是再不跑，恐怕也得卷进去。

这样看来，北周宣帝死后，尉迟迥自己也想趁机大显身手，怎么可能让杨坚大权独揽？

再看第二个因素。什么叫杨坚拿他开刀？杨坚在五月二十五日当上左大丞相，他知道，肯定有人对自己不服气。在所有人里，杨坚最担心的就是尉迟迥。

既然尉迟迥不是盏省油的灯，与其等他造反，不如自己先下手为强。所以，五月二十七日，杨坚就以小皇帝的名义发布诏令，征召尉迟迥回京参加北周宣帝的葬礼。同时，派了一个和尉迟迥资历相当的老将军韦孝宽前往相州，接替尉迟迥的职务。

杨坚的意思非常明显，他这就是在跟尉迟迥摊牌：我知道你是个厉害角色，你要是愿意服从我，就乖乖地回来，如果你不想回来，那韦孝宽也不是吃素的。这不是在逼尉迟迥吗？

尉迟迥本来就对杨坚辅政不忿，一听这个消息马上火了，我还没把你怎么样，你杨坚倒先来夺我的权力了，是可忍孰不可忍！在这种情况下，尉迟迥磨刀霍霍，准备造反了。

可是，造反是件大事，不能说打就打。在没准备好之前，尉迟迥可不想贸然行动。所以，虽然打定主意要开战，但表面上，尉迟迥还是高高兴兴地接受了杨坚的安排。

杨坚派了韦孝宽来接替尉迟迥，尉迟迥就派了自己的一个心腹贺兰贵去迎接韦孝宽。就在朝歌（今河南淇县），贺兰贵和韦孝宽两个人碰上了。韦孝宽政治经验相当丰富，跟贺兰贵一交谈，他就觉察出来，尉迟迥那边恐怕有变！自己若是贸然前往，没准儿刚到就被祭旗了。

怎么办呢？先了解一下情况吧。于是，韦孝宽就开始装病了，走得比爬得还慢。一边拖延时间，一边派手下以求医问药为名，先到相州打探消息。

就这样进三步退两步地到了汤阴（今河南省汤阴县），尉迟迥又派人迎接他来了。这次派的是韦孝宽的侄子韦艺。此人虽然是韦孝宽的侄子，但是，长期在尉迟迥身边工作，在政治上也是坚定地拥护尉迟迥。

正因为如此，尉迟迥才叫他来迎接韦孝宽，也是想进一步麻痹韦孝宽。叔侄两个坐下来聊天，韦孝宽就问韦艺尉迟迥那边的动静。结果这个侄子一句真话都没有，可把韦孝宽给气坏了，你小子胆敢向着外人，给我推出去斩了！

韦艺胆子本来不大，又受制于当时的宗法观念，一看叔叔发火，赶紧跪地求饶，承认尉迟迥确实要造反，现在正在加紧准备。一听韦艺这么说，韦孝宽也就证实了自己的猜测。这时候再去相州纯粹是把脑袋往老虎嘴里塞，赶紧给朝廷送信，同时，自己往回跑。

不过，韦孝宽可是战神级别的人物，紧要关头，他可不是一味地傻跑。每经过一个驿站，他都跟驿卒交代两件事。

第一，这个驿站的所有马匹他一律征用，一匹都不能留。

第二，蜀国公尉迟迥马上就要过来，请他们竭尽所能，准备美味佳肴。

韦孝宽为什么这样做？他是防着尉迟迥追他。果然，一发现韦孝宽叔侄逃走，尉迟迥马上派几百骑兵追过来了，想要半路截杀。可是，走到任何一个驿站，都找不到能够换骑的马，倒是有一桌桌的好酒好菜等着。追兵也是人，难免受到诱惑，就地大吃大喝起来。这样一来，就把追兵拖住了。

就这样，韦孝宽平安脱险，杨坚那边也接到了尉迟迥要造反的消息。

听说尉迟迥要造反，杨坚什么表现？应该说，这事早在杨坚的意料之中。他先想了一个智取的法子。

杨坚赶紧派一个使者到邺城去安慰尉迟迥，告诉他自己并没有改朝换代的意思，请他不要激动，这是明面上的工作，但是，在暗中，杨坚则是让这个使者把一封秘信交给了尉迟迥的副手——相州总管府长史晋昶，请他协助朝廷暗算尉迟迥。

杨坚这个想法不错，问题是，尉迟迥也不傻，当即就发现了朝廷的阴谋，二话没说就把两个人的脑袋都割了下来。杀了朝廷的使者，这也就是与朝廷为敌了。

这时候，尉迟迥把官兵和百姓都召集到城楼下，自己登上城楼，做起战争动员。

他说：“杨坚以凡庸之才，藉后父之势，挟幼主而令天下，威福自己，赏罚无章，不臣之迹，暴于行路。吾居将相，与国舅甥，同休共戚，义由一体。先帝处吾于此，本欲寄以安危。今欲与卿等纠合义勇，匡国庇人，进可以享荣名，退可以终臣节。卿等以为何如？”什么意思呢？杨坚本来没什么本事，只不过倚仗自己是皇后的父亲，就要挟制我们年幼的天子，作威作福，不臣之心，已经昭然若揭。我是太祖文皇帝的外甥，与国休戚。先帝让我镇守相州，就是让我在关键时刻维护国家利益。现在，我要与你们一起纠合义勇，拯救国家，你们同意吗？

他这番动员效果相当好。要知道，相州是原来北齐的中心，百姓对北周的征服本来就没有好感，现在尉迟迥挑头造反，他们当然乐意响应了。

就这样，大象二年（580）六月十日，尉迟迥首先举起了造反的大旗。紧接着，七月二十五日司马消难起兵，八月七日，王谦也起兵了。这就是历史上所谓的三总管之难。

这三位总管都是实力派，他们一造反，大半个北周都骚动起来了。

其中，尉迟迥很快就控制了北起河北、南到安徽的大片领土，而司马消难和王谦则分别占据了湖北和四川，对关中形成了合围之势。

杨坚怎么办？没办法，赶紧迎战。既然是三个总管起兵，杨坚就任命了三位行军元帅去迎战。其中，派韦孝宽讨伐尉迟迥；老将梁睿讨伐王谦；另一位将领王谊则讨伐司马消难。

二、困难重重

尽管有了安排，但是，杨坚要想平定这三方叛乱，还是太不容易了。不算正面交锋，已经有三大困难摆在了面前。

第一，如何赢得北周元老重臣的支持？杨坚和三总管开战，究竟鹿死谁手，北周元老重臣的向背非常关键。这些人支持谁，谁的胜算就大。当时，这个集团的代表人物是李穆。

李穆是何许人？此人是北周的开国将领之一，对北周的开创者宇文泰还有救命之恩。当年，他随宇文泰一起讨伐东魏，宇文泰在阵前忽然马失前蹄摔了下来。危急时刻，李穆赶了过来，一鞭子抽到了宇文泰身上，骂道，笨蛋，连骑马都不会吗？说着，把自己的备用马给了他，让他立刻滚蛋。已经杀到跟前的北齐士兵一看，以为宇文泰不过是个小喽啰，就抛下他，往别处活捉宇文泰去了，算是救了宇文泰一命。有了这番经历，宇文泰从此对李穆宠信有加。

那么，到尉迟迥起兵的时候，李穆是什么角色？他是并州总管。并州是原来北齐的陪都所在地，精兵聚集，又正好夹在尉迟迥和朝廷之间，战略地位非常重要。他追随杨坚，则杨坚赢的可能性大增；追随尉迟迥，则尉迟迥赢的可能性大增。

那么，这个时候，李穆到底追随谁？按照一般逻辑判断，他是很有可能选择尉迟迥的。要知道，李穆和尉迟迥可是同辈人，一起打仗流血的老哥们，战斗友谊非常深厚。而且，尉迟迥也是个聪明人，刚一起兵，马上派使者去联络李穆了，要跟他共图大事。

尉迟迥的使者一到，李穆的侄子和儿子都劝李穆和他联合，李穆自己也在犹豫。如果他真的入伙，对杨坚来讲可就是大麻烦了。

正在这个危急关头，杨坚的使者也到了。这个使者叫柳裘，是个著名的说客。

当初，北周宣帝刚死，刘昉、郑译矫诏让杨坚辅政，杨坚犹豫不决。这时候，柳裘一句“机不可失，时不再来”点醒了杨坚，杨坚从此就把柳裘视为心腹。

柳裘既然口才这么好，杨坚就把劝说李穆的重任交给他了。不过，杨坚也知道，柳裘只能做到以理服人，真正想要打动一个人，不能只讲理，还要讲情，做到以情动人。怎么以情动人？杨坚利用了李穆的儿子。

李穆有一个儿子叫李浑，当时就在京城担任侍卫。这时候，杨坚把他也派到并州来了，让他帮助做李穆的思想工作。

要知道，父子情深，按照一般做法，如果想让父亲就范，往往会拿儿子当人质，用儿子来逼迫父亲。但是，杨坚反其道而行之，不仅不扣押李浑，反而主动把李浑打发到李穆身边，这就叫作充分释放诚意。

杨坚这么表态，李穆可就要好好考虑一下自己的立场了。他怎么考虑的？

首先，杨坚已然是挟天子以令诸侯，反抗他就是反抗朝廷，这能成吗？

其次，就算自己支持尉迟迥，尉迟迥赢了，那自己还不是尉迟迥手下的打工仔，跟现在有什么区别？既然如此，又何必费这个劲？

最后，杨坚对自己仁至义尽，倒像一个能成大事的人。

就这样，经过通盘考虑，李穆决定支持杨坚。杨坚既然派李浑来劝说，李穆就让李浑把家中的熨斗捎给了杨坚，让他转告杨坚，自己希望杨坚拿这个熨帖天下。同时又向杨坚进献十三环金腰带，要知道，十三环金腰带可是皇帝才能用的腰带，李穆把它献给杨坚，用意很明显，他不仅支持杨坚当权臣，他还支持其当皇帝。

李穆投靠杨坚，对杨坚的影响可太大了。要知道，李穆全家都是将军，他们加盟，杨坚这边当然是实力大增。更重要的是，李穆的政治影响力非凡，是全国的风向标。一看他投诚杨坚，一大批北周元老也都决定支持杨坚，这样一来，杨坚在政治上就占了优势了。

第二，如何安定前线军心？刚刚摆平李穆的事情，前线又出事了。

李穆的侄子李询给杨坚送来一封密报，说韦孝宽手下的三员大将，梁士彦、宇文忻和崔弘度私下接受了尉迟迥馈赠的金钱。换言之，前方将领政治立场不坚定，有可能阵前倒戈。而且，就在这节骨眼上，韦孝宽还生病了，每天躺在床上，只派身边伺候的妇女传达命令。

将军阵前掉链子，无法真正驾驭手下，这不是最糟糕的事吗？

杨坚可真着急了，赶紧把心腹刘昉、郑译找来，跟他们商量，想要把这几个不忠的将领换下来。

这个动议刚一传出去，有一个人就匆匆忙忙赶了过来。此人就是当初劝杨坚别当大冢宰，一定要当大丞相的那位高人——李德林。这一次，他是来提反对意见的。李德林说：

“公与诸将，并是国家贵臣，未相伏驭，今以挟令之威，使得之耳。安知后所遣者，能尽腹心，前所遣人，独致乖异？又取金之事，虚实难明，即令换易，彼将惧罪，恐其逃逸，便须禁锢。然则郧公以下，必有惊疑之意。且临敌代将，自古所难，乐毅所以辞燕，赵括以之败赵。”

李德林的话有三重意思。

首先，您虽然挟天子以令诸侯，但是，您和这些将领本来地位都差不多，他们并没有忠诚于您的义务。您现在怀疑这几个将军不忠诚，想要派别人替换他们，可您怎么就能保证新派去的人比他们忠诚？

其次，所谓受敌方贿赂，是一件虚实难辨的事情，如果现在派人去追究，不仅这几个人可能畏罪投敌，而且上至韦孝宽将军，下至普通士卒，难免人人自危，这不是自己动摇军心吗？

最后，临阵换将是自古兵家大忌，前朝因为这样做而失败的多了，请千万不要重蹈覆辙！

几句话说得杨坚出了一身冷汗，赶紧道谢说，如果不是先生，我几乎误了大事！那以先生的意思应该怎么办？难道就听之任之？

李德林说：“如愚所见，但遣公一腹心，明于智略，为诸将旧来所信服者，速至军所，使观其情伪。纵有异志，必不敢动。”我觉得您不必派将军去，派一个您也信任、前方将领也能接受的人去当监军算了。只要您的眼线一到，前方的将领也就不敢轻举妄动了。

杨坚一听，佩服得五体投地，不再找将军，而是去找监军了。

让谁当监军呢？李德林提出的条件是心腹。当时谁是杨坚的心腹？杨坚想来想去，觉得只有刘昉和郑译最让人放心了。本来，自己当辅政大臣就是他们的主意，这时候出乱子了，他们能不帮忙吗？可是，别看刘昉、郑译两个人搞阴谋挺有本事，一听说上前线，全都害怕了。

杨坚先去问刘昉，刘昉说，我倒是想去，问题是，我没有带兵打仗的经验，怕误了您的大事，您还是问别人吧。杨坚又去问郑译，郑译说，我也想帮忙，可是，我妈年纪大了，身边不能没人照顾，您还是成全我这一颗孝子之心吧！关键时刻全都明哲保身，可把杨坚气坏了。

正在为难之际，有人主动请缨来了。谁呢？丞相府的录事，也就是管家——高颎。高颎又是何许人？此人原本是杨坚岳父独孤信的手下。当年，宇文护专权，逼得独孤信自杀。独孤信一死，树倒猢狲散，很多门生故吏纷纷变了脸，不再和独孤家来往，只有高颎不趋炎附势，还照样和杨坚的夫人独孤伽罗往来。

有道是“疾风知劲草，板荡识诚臣”。高颎这么做，当然赢得了杨坚夫妇的尊重。北周宣帝暴崩之后，杨坚辅政，独孤夫人立刻就向杨坚推荐了高颎。杨坚对夫人历来尊重，马上派任子杨雄去和高颎沟通，希望他和自己共谋大事。高颎也慨然允诺，说："愿受驱驰，纵令公事不成，颎亦不辞灭族！"我情愿跟你干，就算是以后这事不成，被灭族都心甘情愿。现在，看到杨坚这里需要人才，高颎就来履行诺言了。

郑译不是声称自己老母在堂，不能上前线吗？这话是真是假不知道，但是，高颎倒是真有白发老母。接受杨坚的任命之后，高颎连家都没有回，直接就骑马出发了，只是在临上马的时候挥泪对下属说，请到我家禀告老母，自古忠孝不能两全，现在国家有难，儿子只能舍孝全忠了。这是何等的高风亮节！

就这样，高颎到了前线监军，军心很快就稳定下来了。高颎也就顺势留在了军中，给韦孝宽当了军师。这样一来，第二个困难又解决了。

紧接着，第三个困难又来了。这个困难难在如何避免第三方势力趁火打劫。所谓第三方势力，当然就是北周的邻国了。

当时，北周的北边有突厥，南边有陈朝，这都是所谓的敌国。尉迟迥一起兵，马上就北结突厥，南连陈朝，连儿子都送到陈朝去当人质了，而司马消难更过火，干脆就投靠了陈朝，还接受了陈朝"随国公"的封号。这样一来，突厥和陈朝也就卷入了战争之中。

这还不算。当时，北周在湖北还有一个附属国后梁。后梁是萧梁王朝的后裔建立的，这时候也想趁乱谋求复国。本来，三方叛乱已经够让杨坚头疼了，如果再跟这些政权打起来，那就更麻烦了。

怎么办？杨坚的方略是各个击破。

先看突厥。当时，北周和突厥和亲，要嫁千金公主给突厥可汗，突厥的迎亲使已经到了几个月了，因为北周的政治变故，一直还没有出发。这时候，为巩固友好关系，杨坚把千金公主打发上路了。另外，突厥不是爱钱吗？杨坚又派人携带大量的金银珠宝去贿赂可汗，这样一来，突厥满意了，不再插手北周的内部事务。

再看后梁。后梁不是想复国吗？但是统治者知道自己实力弱，拿不定主意，于是先派一个叫柳庄的使者到长安来探探虚实。

杨坚自然是热情接待，并且和柳庄聊起了旧谊。他说，我当将军的时候曾经路过梁国，承蒙你们国君的热情款待，至今念念不忘！现在我们大周遇到了暂时的困难，天子年幼，时局不稳。我受先皇的委托，只能出来主持局面。梁国君主几代都忠于朝廷，希望能在这个时候珍惜传统友谊，不要做亲者痛，仇者快的事情！

这话说得虽然客气，但是里面也透着威胁。如果你们梁国现在表现不好的话，一旦我腾出手来，那么，此前几代人精心培育的战斗友谊可就一笔勾销了！

一听杨坚这么说，梁国使者马上回去向国君汇报了：我看杨坚不好惹，我们还是安分点儿吧。

接着看陈朝。陈朝是老对手了，劝说拉拢估计没有用，那只能是打了，而且是主动打，以攻为守。一番战斗下来，也没让陈朝占到什么便宜。

就这样，经过一番外交和军事的努力，第三方势力基本也算安定下来了。虽然困难重重，但是，正面战场以外的干扰好歹都让杨坚解决了。

不过，即便如此，三总管的势力依然非常强大。特别是尉迟迥这边，不仅兵强马壮，而且因为占据了原来的北齐故地，还得到了许多北齐复国分子的支持。

这样一来，如果杨坚不能取胜，那就不仅意味着他个人的失败，还有可能造成国家的再度分裂。那么，战争究竟能否取得成功?

第九章 平定三方

与地位不稳的杨坚相比，三总管的力量非常强大，特别是尉迟迥，他不仅兵强马壮，而且占据了原来北齐的故地，得到了很多北齐复国分子的支持。这样一来，如果杨坚失败，整个中原地区可能重新陷入分裂局面。相反，如果杨坚赢得这场战争，就意味着他朝皇位又迈进了一大步。那么对于这场生死攸关的战争，杨坚会如何应对?

一、决战时刻

因为杨坚辅政，尉迟迥等三个总管发动叛乱，他们来势汹汹，而且裹挟着周边政权的势力，给杨坚和北周都造成了很大威胁。其实，仔细分析一下就会知道，三方叛乱中，最有实力的应该是尉迟迥这一支，因此，战争能否取胜，关键就看韦孝宽和尉迟迥的较量了。

韦孝宽到底是怎样一个人呢？如果仅仅把韦孝宽说成是一个将军，那就小看他了。他不仅是一个将军，还是一个战略家。韦孝宽一生有两件事最值得称道：一件是玉壁之战，另一件则是平齐三策。

玉壁是一个地名，在今天山西省的稷山县西南。当年，西魏和东魏打仗，玉壁可是西魏的战略要地。

当时，东魏力量比西魏强，武定四年（546），东魏权臣高欢率领十几万大军倾巢出动，打算一举吞并西魏。就在玉壁这个地方，被韦孝宽挡住了。韦孝宽坚守一座孤城五十多天，杀伤东魏七万士兵，最后硬是逼得高欢撤军，而且高欢回去之后没多久就郁郁而终。

这可是中国历史上以少胜多的经典案例，也是城市保卫战的典范，古代战争史没有不讲玉壁之战的。

那为什么又说他是战略家？因为韦孝宽不仅会打仗，还有全局观，有大谋略。事实上，北周武帝能够统一北齐，也有韦孝宽的功劳。韦孝宽虽然没有亲自参战，但是，他在此之前曾经给北周武帝上了平齐三策。

第一策是远交近攻。北周如果想要削平北齐，一定要和北齐的敌国，也就是和江南的陈朝建立友好关系。

第二策是通过外交努力迷惑敌人。在发动军事进攻之前，应该先打外交战，先要与北齐交好以迷惑对方。

第三策是做好准备，静观其变。利用北齐的内乱，寻找时机，最后展开讨伐战争。

这些思想都被北周武帝采纳了，也都在北周平齐的过程中一一落实，这样看来，韦孝宽绝对是个合格的将军。

那么，韦孝宽在对阵尉迟迥的战斗中到底表现如何？太厉害了，绝对称得上有勇有谋。

先举一个有谋的例子。杨坚派韦孝宽去相州接替尉迟迥，韦孝宽发觉尉迟迥图谋不轨，就赶紧向西跑了。他跑到哪里去了？虽然当时还没有接到杨坚让他打尉迟迥的命令，但是，韦孝宽可没有一路跑回长安，而是在河阳（今河南孟州）就停住了。

为什么？因为河阳是洛阳的前哨，而洛阳是北魏的旧都，也是东部的战略要地，韦孝宽是直接来保卫洛阳了。问题是，当时河阳可不是堡垒户、大后方，事实上，河阳当时正酝酿着兵变。怎么回事呢？河阳一共八百个守军，全是关东地区的鲜卑人。这些人原来都是北齐的士兵，本来对北周就没什么好感，再加上他们的家属都在相州，在尉迟迥的手里，这些人就更不安心了。

现在，尉迟迥和朝廷开战，这些守军就阴谋策应尉迟迥。韦孝宽只带了几个随从来到河阳，如果士兵真的哗变，那他无论如何也没有招架之功。另外，如果河阳守军叛变了，对洛阳也是个威胁。

这时候，韦孝宽就开动脑筋，开始用计了。他伪造了一封洛阳来的公文，声称皇帝要赏赐这些河阳守军，但是赏赐的东西储存在洛阳的不同地方，所以让他们分成几个编队，分别到洛阳领赏。这些士兵都是有勇无谋的家伙，一听说有赏，都动了心，想着不管怎么样，先把东西拿来再说，就分成几队，领赏去了。

当然，韦孝宽早已经跟洛阳的长官沟通好了，河阳这些守军一到，马上就被扣押了。河阳和洛阳安然无恙，从战争的火药桶变成了平叛的基地。老将军只身一人，智擒八百勇士，这就是谋略！

再举一个有勇的例子。接到朝廷让他剿灭尉迟迥的命令后，韦孝宽就率领大军到了武陟（今河南武陟），而尉迟迥的儿子尉迟惇带领十万大军驻扎在武德郡（今河南沁阳东南），两军隔着沁水摆开了阵势。当时正好连日暴雨，沁水暴涨，韦孝宽只好让部队先停了下来。

正在这时候，高颎来了。高颎一看，这要等到什么时候？赶紧搭桥。桥刚修到一半，尉迟惇从上游扔下了好多大木头筏子，筏上泼着油，着着火，顺流而下，想要把桥烧毁。

没想到，高颎早就防着这一招，提前在河里设置了很多土狗，也就是拦截坝，筏子流到土狗前，就被拦住了，根本过不去。就这样，桥修成了。

这时候，韦孝宽赶紧率领大军渡河。那尉迟惇应该怎么办？按说，应该死守河滩的险要阵地，过来一个杀一个。可是，尉迟惇不这么想，他自作聪明，想要用计。

一看韦孝宽率领大军渡河了，他马上命令部队向后撤，打算等到韦孝宽的军队过来一半的时候再发动反击。韦孝宽也是战神级别的人物，哪给他这个机会，一看尉迟惇的军队后撤，他大叫一声："今日一战，有进无退！"下令擂鼓助威，让各支部队全速渡河。

前面不是说高颎是他的军师吗？宣传鼓动工作更是在行，一看老将军带兵往前冲，高颎也开始喊话了。他说，昔日项羽破釜沉舟，灭掉大秦，我们现在也只能是背水一战，否则死无葬身之地。

说完之后，马上下令把桥给烧了！将士们一看退路断了，都鼓起勇气，奋勇向前，这一下，尉迟惇的军队可招架不住了，有组织的后撤变成了无组织的逃命，人踩马踏之间，被杀的、被踩死的，不计其数。

一看这种情况，尉迟惇只好骑上一匹马，只身逃回了相州。这可是韦孝宽和尉迟迥交战以来的第一仗。这第一仗就打出了威风，既打出了韦孝宽的勇，又打出了高颎的谋，杨坚真是喜上眉梢。看来，韦孝宽这个将军委任对了，高颎这个军师也委任对了！

就这样，韦孝宽和高颎带着部队，一路追杀到了邺城之下。邺城可是尉迟迥的老巢，就在这里，韦孝宽和尉迟迥展开了决战。

这时，已经是大象二年（580）的八月十七日，距离尉迟迥叛乱整整六十八天。既然是决战，尉迟迥也是倾巢出动。他这边一共是十三万人。另外，尉迟迥的弟弟手下还有五万人，也正在从青州赶来的路上。如果这两支军队加到一起，可就是十八万人了，力量相当强大。特别是其中有一支精锐部队，叫作黄龙兵，是尉迟迥的王牌。

这支军队是尉迟迥从关中带过来的，算是他的亲兵，共有一万多人，各个头戴绿巾，身穿黄袄，一眼望去，如同一条黄色巨龙，所以就叫黄龙兵。尉迟迥就骑马站在这支黄龙兵的最前头，虽然白发苍苍，但仍然是威风凛凛。

韦孝宽这边虽然是乘胜而来，一看这阵势，心里也不由得紧张起来。

尉迟迥和黄龙兵绝非浪得虚名，各个神勇无比，两军一交战，韦孝宽这边明显不敌。眼看着部队不断往后撤，韦孝宽手下的几个将军可着急了。如果这十三万人尚且打不过，再过一会儿援军到了，岂不是更加危险！怎么办呢？

《孙子兵法》讲："兵者，诡道也。"就在这种情况下，宇文忻看到在城南的高坡上，站了好多老百姓，就打起了歪主意。

战场上怎么会有老百姓观战？这其实也反映出邺城百姓的一种心态。邺城是当年北齐的首都，北周灭北齐，邺城老百姓对北周并没有什么好印象。现在看到尉迟迥和韦孝宽两军同室操戈，自相残杀，邺城的老百姓倒是有点幸灾乐祸的感觉。所以纷纷出城，站在高处看热闹。从四面八方一共来了几万人。按照史书的记载，就是"邺中士女，观者如堵"。也就是说，邺城的百姓男男女女都出来围观了，像一堵一堵的墙。

现在韦孝宽作战失利，形势危急，宇文忻忽然想出一个损招。他对身边的弓弩手说，别射尉迟迥的人了，先射这帮观众！

一时间万箭齐发，对着山坡上的无辜群众就过去了。老百姓万万没想到自己成了作战的对象，毫无防范，马上就乱了套。有的死，有的伤，男女老少都往城里跑，哭声、喊声震天动地。

尉迟迥的军队背城为阵，现在这么多老百姓都向自己奔来，他们也是措手不及，马上就被冲乱了。这时候，宇文忻大喊，叛贼失败了！他这么一喊，韦孝宽这边的士兵可来了精神，一个个如下山猛虎般冲了过去，把尉迟迥这边打得落花流水。

这时候，韦孝宽手下的几个将军都纷纷率军进入邺城，尉迟迥也退到了北门的城楼上。眼看大势已去，老将军真是万念俱灰，但是，既然是将军，就要死在战场上，所以虽然明知无望，尉迟迥还是拿着箭，一支一支地射下城楼，想要战斗到最后一刻。

这时候，韦孝宽手下一个叫崔弘度的行军总管，已经顺着龙尾道登上了城楼。

崔弘度是何许人？说起来他和尉迟迥还是亲戚。崔弘度的妹妹嫁给了尉迟迥的儿子，两家的姻亲关系非常亲密。

此刻，一看有人登上城楼，尉迟迥引弓就要射过去。

这时候，崔弘度摘下兜鍪（头盔），对尉迟迥说，尉迟老前辈，您不认识我了吗？咱们可是至亲。可是，如今为了国家，也就不能顾及私情了。不过我想，好歹咱们亲戚一场，所以我才约束士兵，不让他们上来凌辱您。现在事已至此，您该为自己打算一下了，还等什么呢？

尉迟迥一听，长叹一声，口中大骂杨坚，挥剑自刎。

就这样，规模空前的尉迟迥叛乱宣告结束，从开始起兵到兵败自杀，一共才六十八天。

尉迟迥本来是三方叛乱的主力，他失败后，司马消难和王谦也就大势已去了。大象二年（580）八月二十七日，就在平定尉迟迥十天之后，王谊率军开到了司马消难的老巢郧州，司马消难连夜逃难，投降了江南的陈朝；又过了两个月，十月二十六日，梁睿率领大军逼进成都，蜀州总管王谦被杀。

至此，三方叛乱全部平定。三方叛乱可是隋朝开国过程中的一件大事。它来势汹汹，声势浩大，但是，从六月十日尉迟迥起兵，到十月二十六日王谦被杀，一共才维持了四个半月，若以主力尉迟迥来算，只有短短的六十八天。

二、胜利原因

三总管本来都是实力派人物，为什么他们的败亡会如此迅速？有三点原因。

第一，三位总管外强中干，而杨坚确实精明强干。尉迟迥等人确实都拥兵自重，是实权派人物，但是王谦本来就以庸懦著称，而司马消难则是文士出身，在军事方面并不见长。唯一军事经验丰富的尉迟迥当时已经年过七十，无论是在智力还是体力方面都过了黄金时期。

另外，尉迟迥虽然军力强大，但却缺少得力的参谋。据史书记载，他的主要谋士崔达拏是一个白衣秀士，只会纸上谈兵，这样的高参当然没法给尉迟迥更多的帮助。

反观杨坚这边就不一样了。杨坚在这场战争中，得了三个满分。

第一个满分是用人。

第二个满分是纳谏。

第三个满分是统战。

先看用人。杨坚用了什么人？武有韦孝宽，文有高颎。这两个人可都是一时之选，韦孝宽沉稳善断，高颎文武双全，有这样的将军和谋士，没有打不赢的仗。所以说杨坚在用人上可以打一百分。

再看纳谏。杨坚最有价值的一次纳谏，是接受了李德林的建议。当时前线战场上传来了将军有二心的消息，杨坚本来打算临阵换将。而李德林以一介书生的身份，建议杨坚不要更换将领，而是派遣监军，这可是一个有风险的提案，而杨坚居然能够信任有加，不折不扣地采纳他的意见，这需要怎样的判断力和胸怀！

而事实上，被指控的三位将军最后都在战场上立了大功，特别是崔弘度，算是亲手斩获了尉迟迥。这是杨坚纳谏结出的善果，当然可以打一百分。

再看统战。对谁统战？杨坚统战的最经典范例就是怀柔李穆了，而且，通过李穆，又怀柔了一大批北周元老，确立了自己的政治优势。

确实，论军功，杨坚可能不及三位总管，但是，他当领导人的素质却远胜于三位总管。当年刘邦说得好："夫运筹帷幄之中，决胜千里之外，吾不如子房；镇国家，抚百姓，给馈饷，不绝粮道，吾不如萧何；连百万之众，战必胜，攻必取，吾不如韩信。三者皆人杰，吾能用之，此吾所以取天下也。"意思是说，在营帐里出谋划策，在千里之外战胜敌人，我比不上张良；镇守国家，安抚百姓，发饷馈赠，使粮道不得断绝，我比不上萧何；联结百万士兵，凡作战就能胜利，凡攻击就能取得城池，我比不上韩信。这三个人都是人中的豪杰，我能任用他们，所以才能取得天下啊！

这段话不仅是刘邦的写照，也是杨坚的写照，是古今中外所有成大事者的共同写照。换言之，两方面的素质差异已经决定了杨坚的优势。

第二，除了领导能力占有优势之外，杨坚方面还具备政治优势，而最大的政治优势就是挟天子以令诸侯。

尉迟迥、王谦和司马消难说杨坚谋权篡位，而他们则是要匡扶周室，但是，那只是他们的一面之词，不足以号令天下；而杨坚说这些人是叛臣，一定要剿灭，那可是打着皇帝的名号说的。臣子和皇帝谁说话管用？当然是皇帝，这就是挟天子以令诸侯的重要力量。事实上，李穆等老臣最终决定投靠杨坚，和这种政治态势有着直接的关系。

第三，扶助北周其实并没有那么大的号召力。

本来，北周当时建国刚二十四年，还不足以让人形成绝对的忠君意识，而北周宣帝统治时期，又凶残暴虐，这使得很多大臣对这个政权失去了信心。

相反，杨坚辅政后，修改法令，厉行节约，赢得了社会的广泛认可。在这种情况下，很多人并不愿意为北周卖命。

事实上，就连这三个起兵的总管也都存在不同程度的个人野心，并非真的要匡扶北周。领袖尚且如此，那还怎么号召全天下的人？

正因为有军事、政治和人心方面的多重因素影响，所以三总管叛乱虽然来势汹汹，但是很快也就偃旗息鼓了。

那么，这场战争对于北周、对于杨坚，究竟意味着什么？

三、战争意义

第一，经过这场战争，北周的统治更加稳固了。

三个叛乱的地方都是北周新征服的土地。其中，除了蜀地征服稍早之外，相州和郧州都是在北周武帝末年和北周宣帝时期刚刚纳入北周的版图。在这些新征服地区，北周的统治并不稳固。事实上，叛乱在这三个地方爆发，足以证明这一点。但是，经过这样一场战争，北周对这些新附地区的统治都加强了。

以相州为例。相州原来是北齐的都城邺城所在地，攻克相州之后，杨坚一把火把邺城烧了个精光，把居民全部南迁四十五里，也就是从今天河北的临漳迁到了河南的安阳，从此，北齐时代盛极一时的邺城彻底消失。这种从地球上抹掉一个城市的做法虽然野蛮，但是，从杜绝隐患的角度看还是颇有效果的。

第二，经过这场战争，杨坚的统治地位更稳固了。

原来，杨坚是左丞相，就在平叛之后，北周静帝废除了左、右丞相的设置，晋升杨坚为大丞相。这样一来，杨坚进一步摆脱了束缚，成为名副其实的一人之下，万人之上。不仅如此，杨坚的大儿子杨勇也被任命为洛州总管、东京小冢宰，统辖北齐旧地。这样，杨坚对原来北齐故地的控制也加强了。

杨坚刚刚当上辅政大臣的时候，他的心腹元楷曾经担心地说："公无党援，譬如水间一堵墙，大危矣。公其勉之。"您其实没有什么政治势力，所以当上辅政大臣，就好比立在急流之中的一堵墙，水的冲击力有多大，您就有多危险，所以请您一定努力干。

但是，经过这次考验，杨坚成功地从水中的一堵危墙华丽转身，成为坚不可摧的中流砥柱。有了这次考验，他的权威已经无人能够挑战了。

第三，这场战争也给了杨坚一个考验骨干的机会。

本来，杨坚矫诏辅政，朝廷内外肯定有很多人不服气。但是，一般来说，反对者并不会轻易表现出来。敌暗我明，很容易形成政治隐患。而三总管叛乱一爆发，形势反倒一下子明朗化了。在战争状态下，每个人都被迫作出自己的选择，非此即彼，不容含糊。这样一来，杨坚也就能够迅速而且清晰地认清敌友了。这就叫长痛不如短痛。

第四，这场战争也让杨坚检验了人才。

三方叛乱之前，杨坚手下最得力的助手，也是他心目中最重要的人才，是刘昉和郑译。这两个人帮他得到了辅政大臣的身份，也就成了他的心腹。

据《资治通鉴》记载，杨坚对他们的赏赐不可胜数，甚至都达到了让朝廷侧目的程度。但是，经过这场战争，杨坚发现了，这两个人会在关键时刻掉链子。前线缺乏监军的时候，杨坚对他们抱了最大的希望，结果两个人都胆小如鼠，左右推托，根本无意帮杨坚排忧解难。

光胆小也罢了，这两个人根本没有责任心。要知道，三方叛乱波及北周疆域的一半以上，对杨坚是一个极大的考验，杨坚为此忧心忡忡，忙得焦头烂额。但是，刘昉和郑译却只顾沉浸在刚刚得到巨大权力的喜悦之中，整日招权纳贿，花天酒地，根本不理政事，这让杨坚非常不满意。他明白了，这两个人只是政变人才，只有阴谋诡计，并没有真正的政治韬略和政治家气度。这样的人，以后要靠边站了。

怎么安置他们俩呢？郑译当时是丞相府的长史，每天到他这儿来报到听令的官员络绎不绝。可是，就在郑译拒绝监军之后，杨坚发话了，以后任何人都不许再找郑译汇报工作。

第二天上班，郑译照样高坐相府，等着百官前来听令，没想到等了一天，一个人都没来。第三天、第四天，天天如此。这下子，郑译可坐不住了，赶紧打报告要求辞职。

这还不够，大定元年（581），御史台弹劾郑译，说他居然和母亲分家另过，这可是大大的不孝。御史为什么单纠这件事？这恐怕体现的是隋文帝的意思。你不是孝顺老母，不肯上前线吗？现在我就要揭你这层皮！

问题是，跟老母分家另过这样的事情严重不严重？这样的事情在今天来看可能并不严重，但是，在古代可就是重罪了。

怎么处罚呢？隋文帝下诏说：“若留之于世，在人为不道之臣，戮之于朝，入地为不孝之鬼。有累幽显，无以置之，宜赐以《孝经》，令其熟读。”要是把他留下，那就是个不道之臣，但是，把他杀了，地下岂不是就多了一个不孝之鬼！既然人间、地下都无处安置，还是别让他去祸害地下了，就赐给他一本《孝经》，让他好好读书，闭门思过吧。

其实，一看就明白了，这不是什么真正的惩罚，这就是羞辱。对郑译如此，对刘昉也是如此。没过多久，刘昉就因为纵容爱妾卖酒，违反禁酒令被御史参上一本，后来更因为卷入谋反案被正法。两大功臣，就这样退出了政治舞台。

那么，这两个人靠边站，哪两个人靠前站了？杨坚又发现了两个人才，一个是李德林，另一个是高颎。

李德林多谋善断，而且文采斐然。到这个时候，他已经给杨坚出了两个好主意了。一个是让杨坚担任大丞相、假黄钺、都督中外诸军事，把军、政、人事大权都掌握在自己手里；还有一个就是让杨坚不要临阵换将，扰乱军心，而是派监军春风化雨，稳定局面。这两个主意对杨坚来说都非常关键。

事实上，就在李德林建议杨坚派出监军之后，杨坚就已经把李德林当成谋主了。军事上的大事都和他商议，最重要的文书也都由他起草。

李德林在北齐的时候就是著名的才子，但是，直到遇到杨坚，他的才华才算是得到充分的施展。

据《资治通鉴》记载："时军书日以百数，德林口授数人，文意百端，不加治点。"当时每天需要起草的军事文书不低于百份，李德林一个人对着几个文字秘书来口述，而且每一篇文章都有独特的风格和立意，口授结束后，绝对不需要再修改。这真是位难得的人才。

再看高颎。如果说，李德林更像一个谋士，是比较单纯的文人型官员，那高颎就是能文能武了。

据《隋书·高颎传》记载："颎强明，又习兵事，多计略。"高颎是个可以出将入相的人物。事实上，就在这次平定三方的过程中，高颎的军事能力已经得到了充分的检验。高颎从前线载誉归来后，杨坚亲自在卧室里宴请他，还把自己的御帷赐给了他，这当然是对他的格外宠信。

换言之，打仗的意义是多方面的，能够发现这样两个人才，杨坚觉得，这个仗打得值！

就在这一年的九月初九，司马消难的叛乱刚刚平定，杨坚就以北周静帝的皇后司马氏是叛臣之女为由，把这个小皇后给废了。皇后都可以废掉，可想而知，北周静帝的皇帝之位也摇摇欲坠了。

现在，北周宗室的势力已经摧毁，地方反抗的战火也已经平息，杨坚改朝换代只是时间问题了。那么，这个历史时刻究竟会在什么时候到来？

第十章 建立大隋

公元 581 年，杨坚终于迎来他前半生最辉煌的时刻，登基称帝，建立大隋王朝，史称“隋文帝”。他是怎样完成这个巨大的身份转变的？杨坚称帝，对于中国历史又意味着什么？

一、开皇启运

杨坚要怎样实现改朝换代？要知道，在中国古代，权臣篡权是有固定模式的。模式主要包括四方面的内容：第一，天降祥瑞；第二，臣民劝进；第三，殊礼相待；第四，前朝皇帝表态。

现在，杨坚想要改朝换代，这一套当然也得来过一遍。于是，从大象二年（580）年末开始，苍鸟、白雀、庆云一类的祥瑞在各地纷纷涌现，劝进的表文也像雪片一样飞进了杨坚的丞相府，其中领头的就是老臣李穆。

天意、人事都看好杨坚，当然，杨坚的身份也就开始越过正常大臣的红线了。

大象二年（580）九月二十九日，杨坚被任命为大丞相，十月十日，又加上了大冢宰，到十二月十三日，杨坚的爵位晋升为随王。

转过年来，北周静帝改元大定。

大定元年（581）二月九日，北周静帝又把杨坚的职务换成了相国，剑履上殿，赞拜不名，加九锡之礼，而且，建天子旌旗，出警入跸。到这一步，其实大臣已经当到尽头了。现在，改朝换代只是时间问题了。

在这种情况下，专门负责观测天象、精通天文历数的术士庾季才出面说话了。他说：“二月日出卯入酉，居天之正位，谓之二八之门。日者，人君之象，人君正位，宜用二月。其月十三日甲子，甲为六甲之始，子为十二辰之初，甲数九，子数又九，九为天数。其日即是惊蛰，阳气壮发之时。昔周武王以二月甲子定天下，享年八百，汉高帝以二月甲午即帝位，享年四百，故知甲子、甲午为得天数。今二月甲子，宜应天受命。”

什么意思呢？首先，二月份太阳从正东方出来，进入天空的正位。太阳象征天子，所以，天子即位，应该就在二月。那具体是二月的哪一天？甲子日最好。因为甲是天干的开始，子是地支的开始，都是天数。另外，当年的二月甲子还正好是惊蛰，正是阳气复苏、万物萌动的时候，也是个吉祥的节气。当年，周武王就是二月甲子即位，所以周朝一共传承了八百年。因此，您要改朝换代，也就在这一天吧。

既然这边连具体日子都选好了，那北周静帝也只有配合的份儿了。

大才子李德林早把禅位诏书替北周静帝起草好了，这时候，北周静帝只要派人宣读就可以了。禅位诏书是这么写的：“元气肇辟，树之以君，有命不恒，所辅惟德。天心人事，选贤与能，尽四海而乐推，非一人而独有。……朕虽寡昧，未达变通，幽显之情，皎然易识。今便祗顺天命，出逊别宫，禅位于随，一依唐虞、汉魏故事。”意思是说，天命不常，惟德是辅。现在天意人心都已经在随王这边了，我虽然愚昧，但也看得清清楚楚。所以，我决定，禅位于随王。

皇帝的禅位诏书一下，也就算正式表态了。再履行一番三让而后受之的手续，终于，在二月十三日这天，杨坚接受了北周的传国印玺，正式称帝了！

这个新王朝叫什么名字？在中国古代，国号往往出自开国者在前朝的封号。杨坚本来是随国公，后来又成了随国王，所以，他的新王朝就叫随。不过，随国公也好，随国王也好，都是有走之旁的“随”字，杨坚觉得不吉利。好不容易建立起来的新王朝，可别轻易就走了！怎么办？改一个同音字吧，从此，走之旁的“随”就成了今天这个“隋”。杨坚也就成为隋朝的开国皇帝，史称隋文帝。

朝代的名字定了，还得定一个年号。隋文帝选定的年号叫开皇。这个年号也有讲究。

一方面，它是个佛教名词，意思是“圣皇启运，像法载兴”。杨坚从小是由尼姑养大的，是个佛教徒，这个年号是向佛教表态，北周武帝废佛的时代过去了，从此，皇帝要弘扬佛法。

另一方面，这个年号也是个道教名词，道教的《灵宝经》说了，天地之间，每四十一亿万年就是一劫，每一个新的劫数开始，就有一个新的年号。其中，开皇就是道经里提到的年号之一。这样看来，用了这个年号，就可以保证四十一亿万年的统治了，真是野心不小。

杨坚一个年号拉拢了佛、道两教，自然，也希望得到这两教的保佑，开启自己的万年基业。

建立大隋，改元开皇，这可能是杨坚一生中最幸福的时刻了。当年，尼姑智仙说他“儿当大贵”，算命的术士也屡次说他必有天命，为此，北周武帝、北周宣帝还都要拿他开刀。现在，那些充满希望的日子也罢，忧心忡忡的日子也罢，全都成了过去，他终于大富大贵了！一种君临天下、威加八方的豪情油然而生。

但是，“月儿弯弯照九州，几家欢乐几家愁”。在巨大的历史转变面前，有人笑，就有人哭。谁在哭？史书记载，有两个女子为此黯然神伤。一个是杨坚的女儿杨丽华，另外一个则是北周武帝的外甥女窦氏。

杨丽华是个软弱的女人，北周宣帝刚刚去世的时候，她确实希望爸爸杨坚帮她度过艰难时局，所以，还动用太后的权威，帮助杨坚谋得了辅政大臣的地位。但后来，当她发现杨坚志不在此的时候，杨丽华的态度就变了。她可不希望杨坚改朝换代。为什么？

第一，古代女子出嫁从夫，既然嫁给了北周皇帝，她就得维护北周的利益。

第二，这也涉及她自身的地位问题。一旦杨坚改朝换代，她这个前朝太后难道要重新回头，做新朝公主吗？

那么，杨丽华不满意爸爸篡位，会有什么表现呢？按照《隋书·后妃传》的记载：“后知其父有异图，意颇不平，形于言色。及禅位，愤惋逾甚。”杨丽华发现她爸爸杨坚图谋不轨，便形于言色，并且指桑骂槐、愤愤不平。等到杨坚真的改周为隋，她的愤怒和伤感就越发不可遏制了。但是，愤怒归愤怒，作为一介弱女，她还能怎么办？

杨坚也觉得挺对不起这个女儿的，重新把她封为乐平公主，还要再给她找个乘龙快婿。结果，杨丽华誓死不从，就以乐平公主的身份了此一生。从皇太后变成公主，这在中国历史上也是独一无二了。

那窦氏又是怎么回事？这个小姑娘的事迹前文提到过。北周末年，为了结好突厥，对付北齐，北周武帝还特地娶了突厥公主。可是，娶回来之后，武帝又对突厥公主没感情，整天把人家冷落在一边。当时，窦氏刚六七岁，就劝武帝要善待突厥公主，远交近攻，实现平齐大业。从那件事可以看出来，这是一个有政治智慧的女孩子。

现在，听到杨坚改朝换代的消息，窦氏气得扑倒在殿阶下，拊膺长叹道，恨我不是个男子，不能把舅家宇文氏一家从灾难中拯救出来！真是刚烈之气，不让须眉。难怪以后能够嫁给唐朝的开国皇帝李渊，生出李世民那样英雄的儿子。

但是，杨太后的委屈也罢，窦姑娘的烈性也罢，在周、隋禅代的滚滚洪流之中，都只不过是一朵小小的浪花罢了，既然北周的文武大臣都已经决定和杨坚合作了，她们的愤懑还有什么意义？

二、禅代原因

杨坚建隋，前后一共用了不到九个月的时间，在中国古代王朝的创业史里算是比较容易的了。清代学者赵翼甚至说："古来得天下之易，未有如隋文帝者。以妇翁之亲，值周宣帝早殂，结郑译等矫诏入辅政，遂安坐而攘帝位。"

是不是真的如此？从一定意义上讲是这样的。杨坚能当皇帝，确实具有一定偶然性。这个偶然性就是北周宣帝暴崩，北周主幼国疑，这才方便了杨坚夺权。这就是所谓的得国于孤儿寡妇之手。

但是，历史上的偶然性背后，也一定会有一些必然性的因子在起作用，杨坚建隋也是如此。虽然事出偶然，但是，就在这个偶然性的事情之前，已经有了足够多的历史铺垫，可以归结为天时、地利、人和三方面的因素。

先看天时。所谓天时，就是魏晋南北朝以来的民族分裂，已经到该结束的时候了。

自从西晋末年匈奴人刘渊建立政权，中国北方就一直处于少数民族的统治之下。到北魏时期，魏孝文帝施行汉化改革，但是，因为损害了六镇鲜卑人的利益，引发六镇起义，汉化进程又被打断了。后来，由北魏分裂而成的西魏和东魏都重新出现了胡化的倾向。

当年，宇文泰建立府兵制，统兵的汉人将领都被赐予胡姓，杨坚的爸爸杨忠也被赐姓普六茹。事实上，不仅他改姓普六茹，他所统领的士兵也都跟着他改姓普六茹。这是想要让汉人，特别是有军事权力的汉人将领认同胡人，让所有士兵也都成为胡人的部落兵。

但是，西魏以少数鲜卑将士统治关中地区，这就陷入了汉人的汪洋大海之中，要想站稳脚跟，不可能完全忽视汉人的力量。所以，西魏宇文泰时期，就模拟《周礼》建立六官制度，试图通过继承汉族的古制，打造自己的文化基础，赢得关中汉人的认同。

到北周以后，汉化的倾向就更明显了。北周武帝实行兵制改革，允许汉人参军，从此，汉人士兵逐渐成为北周军队的主体力量；而北周宣帝虽然是个不肖子，但是在推行汉文化方面倒是完全继承了爸爸的衣钵，甚至比爸爸还要激进。事实上，北周宣帝就是穿着汉人的衣冠登基当皇帝的，也就是在他的统治下，文武百官的官服都改成了汉服。

更重要的是，北周宣帝为了加强皇权，打击元老重臣，重用一些没有根基的汉人小臣，这就使得官僚队伍的构成发生了深刻的变化。

事实上，在杨坚建隋的过程中，支持他的文官刘昉、郑译、李德林、高颎，无一例外都是汉人，甚至连平定三方的武将韦孝宽、王谊和梁睿也都是汉人。这就说明，汉人出身的官僚已经成了北周官僚的主体。

本来，中原地区的居民就是以汉人为主，现在，兵也是汉人，官也是汉人，那么，让汉人当皇帝也就是理所当然的事情了。

但是，到底什么样的汉人能当皇帝？要知道，当时各个少数民族毕竟已经在中原大地活动了两百多年，他们不仅仍然有着很强的政治军事实力，而且，他们的文化传统和生活方式也已经给中原地区打上了深深的烙印，在这种情况下，一个纯粹的汉人其实也无法承担统治重任。新时代的统治者既需要是汉人，又不能是纯粹的汉人，所以杨坚这样的人最合适了。

从身份上讲，他是汉人，可以得到广大汉族官兵的拥护；但是，他又是在鲜卑政权体制下长大的，而且还和鲜卑族建立了错综复杂的姻亲关系，他的夫人独孤伽罗是鲜卑化的匈奴人，他的女儿也嫁给了鲜卑皇帝，这使得他同样可以得到胡人的认可。

换言之，杨坚本身就是民族融合的产物，这也是他能够当上皇帝的深层因素。能产生这样一个既体现着民族融合的精神，又代表着未来发展方向的领导人太不容易了，如果从“永嘉之乱”算起，中国已经摸索了整整二百七十年。以将近三百年的时间为杨坚登基做铺垫，这个天下的得来，着实不容易。当年，美国宇航员阿姆斯特朗登上月球后，曾经说过一句话：“这是我个人的一小步，但却是人类的一大步。”其实，这句话放在杨坚身上也同样成立，改朝换代，是杨坚的一小步，但它却是中华民族发展史上的一大步。

再看地利。所谓地利，就是杨坚出身关陇贵族集团这个优势。

杨坚的爸爸杨忠本来出身武川镇，后来，又在武川镇军阀缔造的西魏政权中大显身手，成为西魏十二大将军之一。

八柱国、十二大将军家族构成了所谓关陇贵族集团的核心。正是因为隶属于这个集团，杨坚才得以早早地踏入仕途，顺利地进入政治高层，并且和北周皇室联姻，成了太上皇的岳父。

这是他最终篡位的基础。而奠定这个基础，如果从他爸爸杨忠算起的话，已经经历了几十年，这当然也不是件容易的事。

再看人和。所谓人和，就是北周宣帝时代的政治局面了。北周宣帝时代，有两个政治特征值得注意。

第一，他为了加强皇权，疏远宗室，宠幸佞臣。

第二，他荒唐残暴，人心丧尽。

因为第一个特征，北周宣帝暴崩之际，宗室中无人主持局面，佞臣才得以勾结国丈杨坚篡权。

又因为第二个特征，人们对北周的统治并没有留恋之情，所以，杨坚也就没有遭遇特别激烈的反对，而是很快就赢得了大多数官僚的支持。这个因素，如果从北周宣帝当政算起的话，也有三年之久了。

这样看来，虽然杨坚建隋看起来顺风顺水，充满偶然因素，但是，要论起偶然之中的必然因素，那就不是几个月，而是几年、几十年，甚至几百年的艰难历程了！

既然把杨坚建立隋朝，拔高到西晋以来的民族融合基本完成，以汉族为主体的多民族国家最终建立这样一个高度，那隋朝的建立也就不再是一场普通的宫廷政变，而是一个新的历史时期的开始。那么，这个新时代有哪些新气象？杨坚在称帝前后，有两方面的表现值得注意。

第一，恢复汉姓。就在大象二年（580）十二月，也就是杨坚称帝之前，他以小皇帝的名义发布了一个诏令：“**诸改姓者，宜悉复旧**。”原来在西魏时代赐姓胡姓的，都恢复汉姓。

当然，第一个恢复汉姓的就是杨坚本人，到这个时候，普六茹坚才正式变成了杨坚。换言之，杨坚终于恢复了自己的汉人身份。随之而来的，是一大批人都恢复了自己的汉人身份。

第二，恢复汉制。开皇元年（581）二月，也就是杨坚刚刚当上皇帝之后，马上宣布，废除北周的六官制度，恢复汉、魏旧制。这样一来，杨坚当过的什么大前疑、大冢宰等官职就统统退出历史舞台了，相反，所谓三师，也就是太师、太傅、太保，三公，也就是太尉、司徒、司空等官名重新出现。

另外，尚书、门下、内史、秘书、内侍五省，御史、都水二台，太常等十一寺，左、右卫等十二府也都建立起来，成为新政府最主要的职能部门。毫无疑问，这是要恢复汉人的管理体制。

很显然，无论是恢复汉姓，还是恢复汉制，杨坚的目的都是要彰显汉人和汉文化在整个国家中的主体地位。这可并不是大民族主义，事实上，因为汉人在总人口中占绝大多数，汉文化当时的发展程度也远远高于其他文化，所以，恢复汉人在国家中的主体地位和汉文明的主导作用是有积极意义的，它代表了中国的发展方向，也符合在中原地区生活的各民族人民的根本利益。

从这两件事上就可以看出，杨坚对时局具有非常好的把握能力，是一个高瞻远瞩的政治家。

三、政治气象

但是，要知道，建立一个新的政权，要让它走稳走远，除了要建立良好的制度，还要树立相应的政治风气和政治精神。隋朝的政治风气如何呢？先来看它宽容的一面。

当时有一个人叫荣建绪，跟杨坚一向关系不错。杨坚即将接受禅让的时候，荣建绪被朝廷任命为息州刺史。这时候，杨坚喜滋滋地对荣建绪说，待两天再走吧，和我一起享受荣华富贵。杨坚暗示得很清楚，我就要改朝换代了，你等着看这个光荣的历史时刻吧。没想到，荣建绪兜头就给他泼了一盆冷水，说，您这样的话我可不想听。

后来，杨坚顺利即位了，荣建绪入朝，杨坚问他，现在后悔了吧？荣建绪回答说："臣位非徐广，情类杨彪。"徐广本来是东晋的大臣。后来，权臣刘裕篡权，东晋变成宋了，徐广呜咽流涕，悲不自胜。而杨彪是东汉的老臣，曹魏篡汉之后，他闭门不出，始终自称汉臣。这两个人都是在王朝更迭之际眷恋旧君的人物，也就是所谓的忠臣，荣建绪以之自比，态度还是很强硬的。

那么，杨坚听完是什么态度？根据《资治通鉴》记载，帝笑曰："朕虽不晓书语，亦知卿此言不逊！"杨坚说，朕虽然不明白书上的典故，但也知道这肯定不是好话！说笑完了，照样赏识荣建绪。

杨坚为什么要这样做？我想到两个原因。

第一是要树立传统的儒家价值观。虽然自己是北周的叛臣，但是，现在自己已经建立隋朝了，杨坚可是衷心希望，每个大臣都能对新王朝忠诚无二。

第二是为了展现新政权的宽容精神。杨坚的大隋是从宇文氏的大周脱胎而来的，所有的大臣都曾经为北周效劳。怎样对待这些出入两朝的臣子，怎样让他们心悦诚服地为新政权服务，这是当时杨坚急需解决的一个问题。怎样收拾人心？杨坚的做法就是宽容，宽容地对待他们对前朝的感情，同时，既往不咎，给他们在新朝继续服务的机会。

这可真是一种明智的做法，就是通过对这些异见分子的宽容和优待，隋文帝有容乃大的形象树立起来了，官僚系统中的敌意逐渐消失，这才是天子有道，天下归心，这是一种很正面的政治气象。

但是，就在隋文帝对官僚队伍温情脉脉，树立宽容政风的情况下，也有一段不太光彩的插曲出现了。这就是对北周皇室的处置问题。

就在杨坚登基前，有一个叫虞庆则的大臣给杨坚出了一个主意，让他把北周所有存活的宗室统统干掉，以绝后患。应不应该这么做？杨坚也有自己的考虑。他觉得，北周宗室和大臣不一样，大臣固然可以实施怀柔政策，让他们慢慢归心隋朝，但是，宗室就不一样了，因为他们还有政治号召力。

虽然在清除五王势力后，北周宗室其实已经没有什么能干的人选，并不足以对他的统治构成威胁，但是，万一他们被别人利用怎么办？这样一来，杨坚心里就倾向于同意虞庆则的意见——斩草除根了。

尽管如此，为了保险起见，隋文帝又去问心腹高颎。高颎知道，这可不是一般的出主意、想办法，这是个关系到政治大是大非的问题。如果说不用诛杀北周宗室的话，会不会被皇帝怀疑为政治立场不坚定？这样一想，高颎也表态了，该杀！

隋文帝本来就想要大开杀戒，高颎再表示赞同，这件事就基本定下来了。

但是，就在这个时候，前面反复提到的，出身北齐的才子李德林跳出来提反对意见了。李德林主张宽恕。按照他的想法，诛杀北周宗室固然可以在短时间内消除隐患，震慑大臣，但是，它也有明显的负面效果。因为，隋朝得国于孤儿寡妇之手，本来就不具备太多的道德合法性，如果再诛杀无辜的宗室，那就更让人不服气了！所以，李德林希望的是能够通过怀柔解决问题。

这种想法跟他在三方叛乱的时候主张派人监军其实是一脉

相承的。那一次，杨坚听取了他的意见。这一次，杨坚还会对他言听计从吗？非常遗憾，没有。现在杨坚的身份变了，纳谏的心情也变了。他一听李德林这么说，马上怒气冲冲地回了一句：“**君书生，不足与议此！**”你是个书呆子，哪里晓得这里面的利害！

就这样，因为隋文帝的坚持，以北周静帝宇文衍为首，北周文帝、孝闵帝、明帝、武帝、宣帝五代君主的后嗣和一些关系更远的宗室都被诛杀殆尽。李德林也因此被杨坚疏远了。

从这件事上，可以看出什么问题？

第一，隋文帝的宽容是不稳定的，他的性格中，不乏猜忌和严苛的一面。

第二，对李德林这样的儒家知识分子和他们所代表的儒家文化，他也有一种深深的怀疑。换言之，对杨坚来说，所谓宽容，更多的只是一种权宜之计，而不宽容，才是根深蒂固的基本精神。这其实也就在一定程度上奠定了整个隋朝的政治基调。

就这样，大隋王朝带着欣欣向荣的气象，也带着肃杀严酷的气息隆重登场了。这一年，杨坚刚刚三十九岁，正是一个政治家的黄金年龄。那么，他会把隋朝带向何处去？

第十一章 万物维新

三省六部制是隋文帝创建的政治制度，生命力极其旺盛，不但被唐朝直接继承，而且一直影响到清朝。三省六部制到底是怎样的一种政治制度？为什么影响如此深远？除了三省六部制，隋文帝还创立了哪些垂范后世的制度？

一、建立三省六部制

隋朝的建立虽然是杨坚搞宫廷政变、欺负孤儿寡妇的成果，但是，它也是中原地区近三百年民族融合的产物，是一个新时代的开端。

杨坚上台伊始，做了三件大事，非常引人瞩目。

第一件大事是改革中央官制，确立三省六部制。这可是对北周官制的一个重大改变。

北周中央官制的核心是什么？六官制。这六官分别是大冢宰，也就是天官；大司徒，也就是地官；大宗伯，又叫春官；大司马，又叫夏官；大司寇，又叫秋官；大司空，又叫冬官。六官分别掌管各类行政事务，而由大冢宰统领。这都是宇文泰当西魏权臣的时候制定的制度，后来一直沿用到北周。

西魏之所以实行六官制，有两个原因。

第一，寻找政治合法性。当初西魏刚刚建立的时候，真是处处不如人。在军事实力上远不及东边的东魏，在文化上更比不过以汉文化正统自居的南朝。

怎样来维持这种东、西、南三足鼎立的局面？宇文泰一方面加强军事力量，另一方面则打出了文化复古的旗号，利用自己地处关中的地缘优势，宣称自己是西周的嫡系继承者。

怎么表现自己是西周的继承者？根据《周礼》的记载，西周的制度就是天、地、春、夏、秋、冬六官，那西魏也就实行六官制度，这叫继承西周政治传统。中国人好古，又爱家乡，宇文泰拉起这么一面立足关中地区、追随西周古制的大旗，既团结了关中地区的汉人，也给自己找到了立足中原的政治合法性，一举两得。

第二，突出宇文泰的专权地位。六官制度中，大冢宰统领其他五官，居于主导地位，而宇文泰就担任大冢宰。这就给他把持西魏朝政提供了制度依据，有利于宇文泰专权。这两点对西魏政权的成长都非常有利，所以，六官制度也就一直沿用下来，到北周还继续使用。

但是，事物总是向前发展的，再好的制度总有时效性。六官制度也越来越显现出不利的一面。

首先，六官制度毕竟是西周制度，而西周距离当时已经有一千多年的历史，用一千多年前的制度去规范一千多年后的生活，难免会显得格格不入。怎么办？只能是对制度进行断章取义的改造，以适应现实政治需要。

所以，宇文泰就把好多适应鲜卑社会的制度塞进了六官制里。古代的制度外壳再加上少数民族的一些政治原则，这就更四不像了。史学大师陈寅恪曾说：这是“虚饰周官旧文以适鲜卑野俗，非驴非马”，肯定不能维持长久。

其次，当初宇文泰制定这套制度，是为了方便他当权臣。可是后来，无论是宇文泰的子孙篡了西魏，建立北周，还是北周的权臣杨坚篡权建立隋朝，当然都希望维护君主集权，不能容忍权臣再度出现。这样一来，以大冢宰为核心的六官制度就显得非常讨厌。

如果仍然是东、西、南三家鼎立，鲜卑人当皇帝也就罢了，再不方便，也不敢轻易丢掉这面大旗。可是，现在既然中原地区已经统一，而且新皇帝杨坚还是个汉人，那么，争夺文化正统性，收服关中民心就显得不那么重要了。在这种情况下，杨坚决定，废除六官制度，实行汉魏官制！

不过，这个所谓的汉魏官制，既不是汉朝的制度，也不是曹魏的制度，而是把南北朝时期经过历代政权改革的中央官制整合起来，形成的一套新官制。

这个新官制什么样子？按照《资治通鉴》的记载，开皇元年（581），隋文帝“置三师、三公及尚书、门下、内史、秘书、内侍五省，御史、都水二台，太常等十一寺，左右卫等十二府，以分司统职”。

这段记载涉及内容很多，其中，核心就是后来为人所熟知的三省六部制。

所谓三省，就是尚书、门下、内史三省。其中，内史省负责起草诏令，长官叫内史令；门下省负责审核诏令，长官叫纳言；而尚书省则负责执行，长官叫尚书令。当然，因为尚书令位高权重，一般情况下都空缺，所以，实际的领导就是尚书省的副长官，左右仆射。

所谓六部，则是尚书省下设的吏、礼、兵、都官、度支和工部六个行政部门。从三省的职能分工不难看出，门下省和内史省是最高权力机构，类似于如今的全国人大；而尚书省则是最高行政机构，类似于如今的国务院。六部则类似于国务院各部委。三省之间互相配合，共同构成了国家最主要的部门，而中国古代最重要的官职宰相则由三省长官共同担任。

这可是中国宰相制度的一大变化。要知道，中国宰相制度的发展，从大的方面说，一共分为三个阶段。第一个阶段是秦汉时期的三公九卿制；第二个阶段则是隋唐时期的三省六部制；第三个阶段是明清时期废除宰相，实行内阁或者是军机处的替代体制。

那么，三省六部制和三公九卿制相比，有什么不同？有三个特点值得注意。

第一，宰相由具体的个人变成了机构负责人。在原来的三公体制之下，太尉、司徒、司空这三公是宰相。皇帝先任命他们做宰相，再让他们组建丞相府，管理全国政事。这样一来，就是先有宰相个人，再有宰相机构。在这种情况下，宰相真是名副其实的一人之下，万人之上，当然气焰熏天，经常和皇帝发生冲突。最典型的就是汉武帝时期，田蚡当宰相，不停地安插亲信。武帝看了当然恼火，问他："君除吏已尽未？吾亦欲除吏。"你任命官员任命够了吗？我也想任命几个自己人当官，行不行啊？可见君相冲突有多严重。

为了对抗宰相，皇帝只好不断发展内廷势力，提拔身边人。三省的长官，尚书令也好，纳言也好，内史令也好，最初都是皇帝身边的随从。可是，到三省体制之下就不一样了。三省长官共同构成宰相集团，这就意味着，先有宰相机构，再有宰相个人。这样一来，突出的就不是宰相个人，而是整个宰相机构的权力。

把对个人的依赖转变为对机构的依赖，这有助于防止宰相专权。

第二，三省制还意味着决策和行政的分离。在三省体制之下，内史省和门下省是最高决策部门，主管诏令的起草和出台，但是不管执行；而尚书省是最高行政部门，主管诏令的执行，但是不管决策。这种决策权和行政权的分离，其实也是在分割宰相权力，同样有助于提高皇权。

第三，三省制还意味着决策的程序分工。任何一个诏令，都是在皇帝的领导下，经过宰相，也就是三省长官的集思广益而成。而且，在宰相形成基本意见后，还需要经过内史省起草、门下省审核和尚书省执行这三个步骤才能真正生效，这种程序分工其实就意味着决策的审慎化。这当然可以最大限度地避免拍脑门决定，也就减少了行政失误。

把这三个特点综合起来看，就会发现，三省六部制贯彻的是君主集权、宰相分权以及行政理性化这样一些基本原则，符合中国社会的发展方向，所以生命力特别旺盛，影响力一直到清朝，真可以说是为万世法了。

二、地方制度

中央官制理顺了，隋文帝做的第二件大事是改革地方制度。这次改革主要体现在两个方向。

第一，改革原来的州、郡、县三级行政体制，实行州、县两级制。

第二，改变高门大姓把持地方的局面，地方佐官由中央任命。

先看第一项措施。为什么改三级制为两级制？因为当时的地方行政区实在是太多了。举一个数字。西汉的时候，全国一共一百零三个郡，一千五百八十七个县。可是到了隋朝建立之时，别看领土少了江南一大块，行政区倒多起来了。州有二百一十一个，郡有五百零八个，县则有一千一百二十四个。平均一个州才管两个半郡，一个郡管两个多一点县。这也太不合理了！

为什么隋初的行政区这么多？很简单，因为隋朝继承的是北周和北齐的行政设置，北周和北齐的行政区本来就多。当年北齐和北周分裂的时候，争相用官职笼络人才。现有官职不够，就增加地方行政设置。原来一个郡的地方，分成三个郡，就可以多安排几个官员。

你这样笼络人才，我也这样笼络人才，这样一来，无论是北齐还是北周，行政区都越划越小，官也越来越多。后来，北周吞并北齐，地方基本没做变动，就照单全收了，而隋朝又篡了北周的天下，这个问题依然没有解决。

问题是，这么多的行政区，这么多的官，不仅仅意味着人浮于事，行政效率低下，还涉及一个行政成本的问题。要知道，所有官员都得老百姓来养，官员多了，老百姓就苦了。在这种情况下，改革地方行政体制就提到议事日程上来了。

开皇三年（583），有一个叫杨尚希的官员，给隋文帝上了一个奏章，说：“窃见当今郡县，倍多于古。或地无百里，数县并置；或户不满千，二郡分领。具僚已众，资费日多；吏卒增培，租调岁减；民少官多，十羊九牧。今存要去闲，并小为大，国家则不亏粟帛，选举则易得贤良。”

这份奏章把问题说得非常清楚，但是，解决办法并不理想。什么叫存要去闲，并小为大？闲和要到底怎么区分，小和大的界限在哪里？还有，如果这样搞的话，是不是三个层级都要大动干戈？隋文帝觉得这太不好操作，干脆，直接省掉一个行政层级算了！省掉哪一级？只能省中间层。

开皇三年（583），随着隋文帝一声令下，马上，全国五百零八个郡全部撤销，这样一来，实行了好几百年的州、郡、县三级制变成了州、县两级制，行政层级减少，十羊九牧的局面大大缓解，地方行政开支也大幅度下降，对老百姓而言，可真是一件大好事。

再看第二项措施。地方佐官由中央任命，这可是一项大改革。要知道，从秦汉以来，中央只任命州刺史、郡太守、县令这样的主要长官，而长官下属的官吏，也就是佐官，都由长官自行辟召。地方长官都辟召什么样的人？当然首选当地的高门大族。因为他们对地方的情况比较清楚，而且关系网发达，有能力摆平各种局面，那些中央空投过来的地方官还得依靠他们站稳脚跟。这就跟《红楼梦》中贾雨村当官，先要抄一张当地的护官符一样。这样一来，虽然地方的主要长官是中央任命，但是，地方的实际行政往往把握在当地豪门手里。

东汉的时候就有这样的歌谣："南阳太守岑公孝，弘农成瑨但坐啸。"什么意思？当时的南阳太守是弘农人，叫成瑨，他到南阳做官后，就辟召了当地的名士岑公孝，让他当功曹。结果，岑公孝把政事打理得清清楚楚，根本不用成瑨操心。成瑨每天只需要找个清静地方吹口哨玩就可以了。所以，人们说，真正的南阳太守是岑公孝，弘农来的成瑨不过是坐在那里吹口哨罢了。问题是，这样的地方设置大大加大了世家大族把持地方的能力，并不利于中央集权。中国从东汉末年到隋朝近三百年分裂，贵族把持地方也是主要原因之一。

还是在开皇三年（583），隋文帝规定，原来由长官辟召的佐官统统下岗，担任乡官，只管教化风俗，不管行政事务。那空出来的行政职务由谁担当？文帝下令，从今以后，地方佐官一律由中央任命，而且一年一小考，四年一大考，依据考核情况决定去留。

这样一来，地方官吏的任免权就被中央牢牢地抓在了手里，中央和地方的步调高度一致，世家大族再想横行乡里、左右地方政治、闹分裂、搞割据就难了，这样就加强了中央集权。

三、法律制度

隋文帝做的第三件大事是改革法律制度。这可是隋文帝非常关注的一件大事。

隋文帝为什么关注法律?

从正面来说，法律是治国的根本。只有法律制度健全了，国家管理才能走上制度化、规范化的轨道，老百姓的行为也才能有所依据。所以，有为的统治者都会重视法制建设。

从反面来说，前朝的教训也太深了。当年，北周统治者迷信乱世用重典，本来就是法令森严，到了北周宣帝时期，更是严刑酷法，动不动就给官员来一顿天杖，所以才众叛亲离，让杨坚钻了空子。现在，杨坚自己也当了皇帝，当然不能重蹈覆辙。怎样才能不重蹈覆辙？隋文帝刚一上台，马上就组织了一个班子，由宰相挂帅，专门负责修订法律。按照三方面的原则修订。

第一个基本原则是法律条文从疏、从简。

北周原本有罪名一千八百多条，太复杂了，对社会管理太细碎，老百姓动不动就会触犯法律，这样的法律反倒失去了人民对其应有的敬意。如果大家都觉得犯法是常有的事，你还怎么指望他们敬畏法律？

隋文帝一下子就把法律条文减少了一千三百多条，只剩下五百条，法网稀疏了，老百姓就不会莫名其妙地犯罪；另外，减少法律条文后，法律的重点也就突出了，这反倒容易让人掌握真正的法律精神。

这和秦末农民战争的时候，刘邦进入关中地区，马上废除秦朝的严刑酷法，宣布“杀人者死，伤人及盗抵罪”是一个意思。对杀人的人处死，让打伤人或者偷盗者，抵偿相应的罪名和刑罚。这三条基本法律好理解，好执行，目的就是安抚人心，让社会规范更宽容。

但是，无论法网怎么稀疏，肯定还是有人犯法。怎样处理这些已经犯法的人？

第二个基本原则就是量刑从宽、从轻。

按照《资治通鉴》的记载，就是：“去前世枭、轘及鞭法，自非谋叛以上，无收族之罪。始制死刑二，绞、斩；流刑三，自二千里至三千里；徒刑五，自一年至三年；杖刑五，自六十至百；笞刑五，自十至五十。……除前世讯囚酷法，考掠不得过二百；枷杖大小，咸有程式。”

首先，除了谋叛、谋反这样的重罪，剩下的犯罪行为都是一人做事一人当，不再搞族诛、连坐这一套了。

其次，把车裂、枭首示众这一类的酷刑都废除了，只允许五类刑罚存在。

第一类是死刑，又分为斩首和绞死。

第二类是流放，路程是从两千里到三千里。

第三类是有期徒刑，年限是一年到三年。

第四类是杖刑，打板子六十到一百下。

第五类是笞刑，还是打板子，数量是十到五十下。

要知道，北周宣帝时期打板子的底线可是二百四十下，这样一对比，就知道隋朝的刑罚很轻了。

最后，尽可能地减少审讯过程中的刑讯逼供问题。中国司法一向重视口供，按照当时的观念，为了取得口供，审讯人犯的时候可以用点刑，但是不能搞刑讯逼供。这个尺度怎么把握？文帝规定，拷打人犯不能超过二百下。这恐怕就是他心目中人类忍耐的极限了，过了这个线，只要不是特殊材料做成的，大概就只有屈打成招这条路了。这是保护犯人的合法权益，这两个原则加在一起，就叫以轻代重、化死为生。既然如此，是不是说隋文帝即便放在今天，也是法制建设的标兵、维护人权的典范了呢？又不尽然。因为他还有第三个原则。

第三个基本原则是维护君主专制，维护等级制度。

要知道，隋文帝无论如何都是一个封建统治者。他做这一切工作，归根结底还是要维护皇权、维护封建统治秩序的。

举个例子。“十恶不赦”这个词，就是从隋朝的法律中来的。

隋律规定，最重的罪行有十种，分别是：谋反，就是危害国家；谋大逆，就是毁坏皇陵、皇宫、宗庙一类的皇家建筑；谋叛，就是阴谋叛国；恶逆，就是殴打和谋杀父母、公婆一类的尊长；不道，就是投毒、灭门这样引起社会公愤的罪行；大不敬，就是盗窃皇帝专用物品，或者因为失误而威胁到皇帝的安全；不孝，就是辱骂父母，在给父母服丧期间谈婚论嫁、吹拉弹唱；不睦，就是卖掉或者谋杀五服以内的亲属，或者妻子殴打丈夫；不义，就是杀害自己的老师和长官，或者妻子不给丈夫服丧等；内乱，就是强奸近亲或者和近亲私通。这十种罪行都是罪大恶极，即使皇帝下令大赦天下的时候也绝不赦免。

把这十种罪名通盘考察一下就会明白，这一共是三类案件。

第一类是危害国家和皇帝，一共占了五条，分别是谋反、谋大逆、谋叛、大不敬、不义。

第二类是危害家族伦理，一共占了四条，分别是恶逆、不孝、不睦和内乱。

第三类是严重危害社会治安，只有一条，就是不道。

从这个比例可以看出，隋朝的法律在维护礼教，维护伦理秩序。

中国古代讲究礼别异而乐合同。音乐是讲和谐的，众音和谐，才能奏出美妙的音乐。但礼是讲差异的，所谓礼，规范的就是人和人之间的等级秩序。在等级秩序里，家长地位比子孙高，丈夫地位比妻子高。所以，如果子孙敢打骂尊长，妻子敢打骂丈夫，那就是重大罪行，不能宽恕。而中国又是讲家国一体、家国同构，皇帝就好比全国人民的大家长，长官就是一个地方的父母官，所以，在家挑战家长罪大恶极，在国家挑战皇帝、挑战长官也是罪大恶极。这就叫援礼入法，礼法合一，这才是立法原则的重中之重。

隋文帝制定的这部《开皇律》在历史上的地位太高了。

首先，它奠定了中国古代法律的基本精神和基本框架，此后的唐律、宋律、元律、明律、清律一律照既定方针办。可以说，《开皇律》奠定了中国封建社会中后期法律制度的基础，是中国法制史上最重要的一座里程碑。

另外，它还传入日本、朝鲜、越南等邻国，奠定了整个东亚法律体系的基础，可以和西方的《汉谟拉比法典》相媲美。

讲清楚隋文帝三方面的新政措施，总结一下，这些维新措施有什么特点？有两个基本特点相当引人瞩目。

第一，无论中央官制、地方行政建制，还是法律制度，都把维护君主集权、中央集权摆在了最首要的位置。

从东汉末年开始，中国就走上了贵族政治、分裂割据的道路，现在，隋文帝以强悍的姿态，重建中央集权，对于整个中国重新走上统一道路当然具有莫大的意义。

第二，无论中央官制、地方行政建制还是法律制度，都是整合了南北朝时期制度发展优秀成果的产物。只举法律的例子就明白了。

《开皇律》是怎么制定的？按照史书的记载，是“采魏晋刑典，下至齐梁，沿革轻重，取其折衷”。所谓“魏晋刑典”，就是在少数民族元素进入之前的汉人传统法律体系；所谓“下至齐梁”，齐代表的是融入了北方少数民族元素的法律体系，梁代表的是南渡之后进一步发展了的汉人法律体系。这就把源和流、南和北、汉人和少数民族的优秀文化成果融为一体了。

事实上，不光是法律制度，官僚制度也是如此，隋文帝并没有凭空发明任何制度，他的真正业绩是集大成。这种集大成可不是一件小事，事实上，它是把几百年间胡汉民族在东、西、南、北各个区域创造出来的优秀成果凝合成了一个有机的整体，让它为新王朝服务。

这样的工作，没有大眼界、大雄心和大手段，又怎么能够做好！那么，这个生机勃勃的新王朝和雄心勃勃的新皇帝还有哪些不凡的举措，新王朝又会向哪方面继续前进呢？

第十二章 妙选贤才

隋朝刚一建立，隋文帝就进行了大规模的制度改造，并且如饥似渴地选拔人才，推进制度。其中一个名叫苏威的大臣，深得隋文帝杨坚的欣赏，竟身兼五职。他是什么样的人？隋文帝为什么如此欣赏他？隋文帝的用人方略有什么特点？

一、隋初四贵

再好的制度，也需要人来实行。那么，雄心勃勃的隋文帝，在用人方面又有着怎样的考量呢？

要分析隋文帝的用人政策，当然要先看他选什么样的人当宰相了。隋朝的宰相由尚书、内史和门下三省长官构成。那么，这三省长官由谁来担任？《资治通鉴》记载得非常清楚，隋文帝刚一上台，就下达了一道任命：“以相国司马高颎为尚书左仆射，兼纳言，相国司录京兆虞庆则为内史监，兼吏部尚书，相国内郎李德林为内史令。”

这里一共提到了三个人，其中，高颎身兼尚书和门下两省的重任，地位最高；而李德林和虞庆则共同执掌内史省。但是，虞庆则除了担任内史监外，还担任吏部尚书，主管人事工作，而李德林只是担任内史令，因此，虞庆则的地位又高于李德林。这三个人，就是当时隋朝大臣中的第一、第二、第三号人物。

在这三个人中，高颎和李德林已经介绍过了，高颎本来是杨坚的岳父独孤信的部下，文武兼资；而李德林则是北齐才子，北齐灭亡之后又任职于北周，是个比较典型的文人型官员。这两个人都是杨坚辅政之初就延揽的人才，在平定三方叛乱和周隋禅代等重大历史关头给杨坚出过大力的。

虞庆则又是何许人?《隋书·虞庆则传》是这样记载的:“京兆栎阳人也。本姓鱼。其先仕于赫连氏,遂家灵武,代为北边豪杰。父祥,周灵武太守。庆则幼雄毅,性倜傥,身长八尺,有胆气,善鲜卑语,身被重铠,带两鞬,左右驰射,本州豪侠皆敬惮之。初以弋猎为事,中便折节读书,常慕傅介子、班仲升为人。”从这段记载中,能看出两个问题。

第一,虞庆则是个胡化程度很深的人。从祖辈起就为北方少数民族服务,他本人喜欢说鲜卑语,可见内心相当认同鲜卑族。

第二,虞庆则虽然也算文武双全,既能左右驰射,又能够折节读书,但是,很明显,在他的身上,武的因素远重于文的因素。把这两个因素综合在一起考虑,虞庆则很像杨坚本人,也是民族融合的产物。

杨坚是怎么发现虞庆则这个人才的?其实是高颎推荐的。北周宣帝的时候,虞庆则任并州总管,镇守太原,功勋卓著。当时,太原西边的石州(今山西吕梁)发生稽胡叛乱,高颎受命讨伐,讨平之后,他就向皇帝建议,派虞庆则担任石州总管,把局面稳定下来。

虞庆则不负所望,到任之后,恩威并施,稽胡非常服气,向他投降的就有八千多户,彻底解决了稽胡问题。这让高颎非常欣赏。

所以，高颎投靠隋文帝后，也就把虞庆则推荐给杨坚了，很快，虞庆则就受到了杨坚的赏识。

杨坚看重的是他的狠劲。隋朝刚刚建立的时候，面临着怎么处理前朝宗室的问题，虞庆则力劝杨坚对北周宗室斩尽杀绝，以绝后患。

当然，这种处理方式遭到了李德林的反对，李德林主张宽恕，不希望滥杀无辜。两派意见摆在杨坚面前，杨坚是什么表态？他不耐烦地对李德林说："君书生，不足与议此！"很显然，虞庆则的意见更符合杨坚的心愿。

也许，就在这一刻，虞庆则和李德林的排名就出来了。在隋文帝看来，虞庆则更像一个务实的政治家，所以排在第二位；而李德林过于书生意气，所以只能屈居第三。这是三省长官的排序情况。

在三省长官之外，隋朝初年还有一个人非常受杨坚的重视，就是杨坚的族侄杨雄。此人在杨坚改朝换代的过程中可没少出力。杨坚网罗高颎和李德林，都是杨雄出面联络的。所以，杨坚当上皇帝之后，马上任命杨雄担任左卫大将军。

简单来说，左卫大将军就是国家最高军事长官。隋唐时期实行府兵制，府兵的最高统帅，就是中央的十二卫大将军。在十二卫大将军中，排名第一的就是左卫大将军，负责率领府兵宿卫皇帝。

这样重要的职位当然要让本家担任才放心，所以，杨雄就出任左卫大将军，同时参与朝政，和高颎、虞庆则、李德林一起，成为隋朝初年的政治核心人物。

这四个人搭班子，确实妥当，方方面面都考虑得非常精心。

先看文武搭配。杨雄是武将，虞庆则文武双全但是偏重于武，高颎文武双全而偏重于文，李德林则是一个比较纯粹的文臣。在文武搭配上非常合理。

再看出身搭配。高颎、虞庆则和杨雄属于北周系统，而李德林则属于原来的北齐系统，东西兼顾，也算合理。

再看民族成分搭配。高颎、杨雄、李德林都是汉人，而虞庆则胡化色彩异常明显，可以作为胡人的代表。从胡汉搭配的角度看也很不错。

但是这个精心安排的权力核心并没有维持长久，很快就有一个新人插了进来。谁呢？苏威。

二、苏威崛起

苏威又是何许人？按照史书记载，苏威出身于关中大族武功苏氏。他的爸爸名叫苏绰，是当年第一批支持宇文泰的京兆大族。宇文泰初到关中，曾经问苏绰应该怎么治国。苏绰经过深思熟虑，起草了“六条诏书”，就是先治心、敦教化、尽地利、擢贤良、恤狱讼、均赋役。

所谓先治心，就是要想治理国家，先要管好自己。

所谓敦教化，就是治国要从教化开始。

所谓尽地利，就是既然到中原地区来统治农民，就要搞好农业问题。

所谓擢贤良，就是管理国家要选拔人才，往深里讲就是一定要寻求汉人知识分子的合作。

所谓恤狱讼，就是要用法律治理国家。

所谓均赋役，就是不要对百姓进行过于残酷的超经济的剥削，要有一个稳定的剥削方式。

这六条原则其实就是中原地区积累千年的政治伦理和施政原则的总结，宇文泰大开眼界，马上颁行天下。这就是西魏时代赫赫有名的“六条诏书”。宇文泰还给自己留了一份，贴在座位旁边，随时提醒。

苏绰不仅有卓越的政治眼光，还有实干能力，是一个财政专家。他创立记账法，编写预算，帮助宇文泰理财。

要知道，宇文泰他们这些少数民族统治者固然弓马娴熟，深沉勇敢，但是，他们对汉人社会缺乏了解，缺乏长远的治国理念，更不擅长复杂细致的管理方法。所以，苏绰的这些贡献对于他们来讲极其难得，宇文泰甚至下令，谁要是不会背“六条诏书”、不会记账法，就不能当官。

大统十二年（546），苏绰病逝。归葬乡里时，宇文泰扶棺痛哭，说：“尚书平生为事，妻子兄弟不知者，吾皆知之。惟尔知吾心，吾知尔意。方欲共定天下，不幸遂舍我去，奈何！”苏尚书平时做的事情，有些他的妻子、兄弟都不知道，但是我知道。只有他知道我的心，也只有我知道他的意。我本来是想和他一起共定天下的，没想到他中途弃我而去，奈何，奈何！这是对苏绰多么大的认可啊。

苏威在这样的政治世家长大，从小也是颇受瞩目。北周初年，权臣宇文护专权，就对苏威颇为垂青，希望他能为自己服务。

怎样笼络这个年轻人呢？宇文护干脆把女儿嫁给了苏威。宇文护在北周的位置堪比西魏时期的宇文泰，苏威会不会像他爸爸那样选择合作？苏威考虑问题可没这么简单。他觉得，时代在变，宇文护未必长久得了。所以，苏威虽然没有拒绝这门亲事，但也没有到岳父的手下任职，而是摆了一个最最清高的姿态，带着新娘子到山寺隐居读书去了。这样一来，宇文护倒台的时候，他并没有受到牵连。

苏威这么有政治头脑，北周武帝也很赏识他，多次让他当官，但是，苏威好像是决心清高到底了，每次都推说自己有病，就是不接受。这就好比高卧隆中的诸葛亮，越清高，就越有声望；越有声望，也就越清高。

隋文帝杨坚刚刚当上北周的大丞相，高颎马上就把苏威推荐给杨坚了。杨坚求贤若渴，赶紧拜访苏威，跟他聊了聊天下大势，真是惊为天人，心里暗暗地把他当成自己的佐命大臣了。可是，就在杨坚即将改周为隋之前，苏威忽然连夜逃跑了。

跑到哪里了？一打听，原来苏威回老家种田去了。这么一个人才怎么能让他跑了？高颎立劝杨坚派人去追。可是，杨坚想了想，这是不想参与改朝换代的事。别追了，还是等事情都定下来再说吧。

此刻，隋文帝成功改朝换代，马上征拜苏威为纳言，兼任度支尚书，也就是户部尚书，主管经济。苏威这次也不再推辞，欣然出山了。

讲了苏威这么多故事，分析一下，苏威是一个什么样的人？苏威其人，有三个特点值得重视。

第一，谨小慎微，不愿意卷入任何灾祸之中。所以，他既不想参与宇文护专权，也不想参与杨坚改朝换代，属于遇事就跑、明哲保身型人物。

第二，注重名节。苏威不愿意卷入宇文护和杨坚的活动，除了谨慎，还因为他爱惜自己的名誉，不愿意参与这些不符合传统礼法的活动。能够占据道德制高点，也是他当时受人尊重的重要原因。

第三，头脑清楚，渴望建功立业。这从他在杨坚改朝换代成功后，马上接受任命，出任宰相就可以看出来。苏威非常清楚当时的政治形势，也看好杨坚作为开国之君的非凡能力，在内心深处，他愿意辅佐这位明主，和他一起建功立业。所以，该出山的时候，他自然会出山。

把苏威这三个特点放在一起，就可以得出结论，这个人可能有点闯劲不足，但是心思缜密、头脑清楚，非常适合当大臣。隋文帝对这一点看得很清楚，所以，对他也是满怀期待。

三、苏李交替

那么，苏威能不能不辜负隋文帝的这些期待？一点问题都没有。苏绰是经济学家，苏威也继承了爸爸这方面的才华。不过，他可不是亦步亦趋沿着爸爸的方向走，苏威一上台，马上就把爸爸制定的赋役制度给改了。

西魏时期，苏绰规定，男子十五岁成丁，成丁就是成年，可以分得土地，这叫均田。分了田之后就要向国家提供田租（租）、劳役（役）和纺织品（调）了，这种租调役制，就是后世租庸调制的雏形。这对老百姓其实是相当沉重的负担。后来，北周虽然把成丁的年龄提高到十八岁，租调的数额也有所降低，但是，百姓的负担依然沉重。

现在，苏威提出，继续减轻农民负担。根据《资治通鉴》的记载："初令民二十一成丁，减役者每岁十二番为二十日役，减调绢一匹为二丈。周末榷酒坊、盐池、盐井，至是皆罢之。"不仅成丁的年龄提高了三岁，而且，向国家缴纳丝织品的数额也从一匹变为两丈，足足减少了一半。另外，向国家提供的无偿劳役也从每年一个月减少到二十天，减少了三分之一。这是向农民让利。

除此之外，苏威还建议免收酒税和盐税，这是向工商业者让利。

这样大幅度的惠民政策，放在任何一个时代都会激动人心，一下子，全国人民都拥护隋文帝了。

可是，苏绰也是治国理政的好手，为什么他不实施这样的措施？中国人讲三年不改为父之道，苏威为什么一上台就先把父亲订立的制度改了呢？事实上，苏威的这些调整，虽然表面上看是改变了父亲制定的政策，其实质恰恰是在完成父亲的心愿。当年，西魏政府实在是太穷了，又要整天打仗，没办法，只能向老百姓征收重税。所以，苏绰在制定税收政策之后，自己也喟然长叹，说：“今所为者，正如张弓，非平世也。后之君子，谁能弛乎？”我今日的所作所为，是把弓拉满了，这可不是正常状态。以后的君子，谁能让这张弓稍微松点劲？苏威从小就记牢了这句话，现在隋朝的财政状况已经不那么紧张了，自己又当政，怎能不实现父亲的遗愿！

事实上，不光是赋税制度，开皇初年法律制度、地方行政制度的改定都有苏威参与其中，他为隋朝制度的完备做出了重要贡献。

确立各项制度体现了苏威的施政能力，但是，作为一个合格的政治家，光有能力不行，还要有道德。在政治道德这个问题上，苏威也是可圈可点。举两个例子。

第一个，据《资治通鉴》记载，隋文帝的宫里挂了好多帐子，帐子钩都是用银子做的。苏威看见了很心疼。他找到隋文帝，滔滔不绝地宣讲节俭的美德，隋文帝一听，大为感动，马上把钩子都换成铁的了。这叫不肯逢迎帝王之喜好。

第二个，也是《资治通鉴》的记载。有一天，有个小官不知道为什么得罪了隋文帝，文帝大怒，非要杀了他。可是，杀人是大事，要依法进行。隋朝的《开皇律》有五百条，什么罪该杀，什么罪不该杀规定得清清楚楚，通篇看下来，也没有哪一条规定官员触怒皇帝就得判死刑。皇帝和法律，到底谁说了算呢？

苏威的选择是，劝皇帝尊重法律，按规矩办事。可隋文帝正在气头上，就是不肯听，还非要亲手杀了这个官员不可。一看隋文帝握剑在手，杀气腾腾，苏威觉得此时说什么都没用了，干脆用自己的身体挡在了隋文帝前面。隋文帝不依不饶，绕过苏威，还去追杀那个官员，苏威又一次扑上去阻止。隋文帝气得不行，拂衣而入。可是，过了一阵子，隋文帝又出来了，对苏威说："公能若是，吾无忧矣。"你能够这样做，我就不用担忧了啊！这叫不肯逢迎皇帝之愤怒。

一个宰相，能够坚守政治原则，不逢迎皇帝，这当然称得上是有政治道德。既有政治能力，又有政治道德，这样的人，隋文帝怎么能不欣赏？所以，没过多久，就又给苏威加担子了。

开皇二年（582），隋文帝又让他兼任大理卿、御史大夫、京兆尹。大理卿管刑狱，类似于最高法院院长；御史大夫管监察；京兆尹类似于北京市市长。就职的五个部门没有一个不是要害部门，现在，苏威一个人包揽了！

这样身兼数职也太过分了，治书侍御史梁毗有意见了。他弹劾苏威，说苏威兼任五职，一点举贤自代的心意都没有，这是贪恋权位。问题是，苏威这五个职务都是隋文帝给的，这哪里是弹劾苏威，分明是提醒文帝要权力均分。

面对弹劾，隋文帝是什么反应？他说："苏威朝夕孜孜，志存远大，何遽迫之！""威若逢乱世，南山四皓，岂易屈哉！"什么意思呢？

第一，苏威早晚勤勉不懈，有远大的志向，为什么要急于逼迫他呢！我之所以让苏威担任这么多职位，是因为他有这个本事。

第二，苏威愿意担任这些职位，还因为我是明君。如果遇上乱世昏君，请苏威当官，他也不会当的。

所以，我俩是一而二，二而一的关系，"苏威不值我，无以措其言；我不得苏威，何以行其道"。苏威没遇到我，就没有办法施行他的见解；我没得到苏威，又靠谁来实行我的主张？隋文帝对苏威评价这么高，顺便还把自己放在了明君的位置上，别人也就不敢再说什么了。

眼看着苏威这样权势逼人，连他的推荐者高颎都坐不住了。高颎当时是尚书左仆射兼纳言，尚书左仆射是二品官，而苏威虽然职务多，但都是三品官。这时候，高颎赶紧上表说自己的官太大了，能力又不够，不如也让苏威兼任吧。

那么，隋文帝怎么考虑呢？文帝对高颎说：“苏威高蹈前朝，颎能推举。吾闻进贤受上赏，宁可使之去官！”苏威这个大贤才就是你推荐给我的，我赏你还来不及，怎么会让你辞职呢？你就踏踏实实当你的官吧。

皇帝如此维护苏威，是不是意味着当时的朝廷成了苏威的天下，无人敢和他作对呢？当然不是。李德林就不怎么买苏威的账。史书中多次记载了二人之间的纷争。

隋朝平陈之后，苏威建议隋文帝，每五百家设立一个乡，每乡设一个乡正，处理民间诉讼。这是想要加强对江南地区的控制。

李德林一听，马上反对。他认为，当初改革地方行政，很重要的一条就是不让乡官理事，如果现在再赋予他们处理诉讼的权力，这不是又改回去了吗？另外，这些乡正都是本乡本土的人，难免有三亲六故，你怎么能保证他们处理诉讼的时候立场公正？这不是培养恶霸吗？

两个主要大臣意见相左，多像当年虞庆则和李德林争论要不要杀北周宗室的场面！那一次，隋文帝是请高颎来裁决的，结果高颎投了虞庆则的赞同票，李德林因而败北。这一次，隋文帝又问高颎了。那高颎投谁的赞同票了？这一次，高颎又放弃李德林，支持苏威了。他说，李德林对同僚凶狠，遇事又固执己见，还是苏威可靠。

高颎这番表态太厉害了。他不比较双方观点，而是直接攻击人格，这就等于把李德林的根基给端掉了！二比一，隋文帝下令，按苏威的意见来！各地马上都设立了乡正。

可是，这事并没有完。一年以后，到关东地区去视察工作的虞庆则回来报告说，新设的乡正果然横行乡里，地方社会又被他们把持了。

隋文帝一听，也很郁闷，只好再下令废除乡正。按说，这是回到李德林的想法上来了，李德林应该高兴才是。没想到，李德林又提反对意见了。他说，设乡正这件事我本来就不同意，但陛下还是设立了。一旦决心设立，就应该让政策延续一段时间。现在您刚刚设立乡正，又旋即废掉，这不是朝令夕改吗？法令如果太不稳定，那就没有权威了，所以，请陛下三思。

隋文帝本来已经觉得很没面子，现在又听见李德林牵扯上什么朝令夕改、政令不一等这些批评意见，更是恼羞成怒，干脆把李德林贬官了，让他到地方担任刺史，永远离开了中央。

至此，隋朝的政治核心就变了。原来是高颎、虞庆则、李德林、杨雄位高权重，随着苏威的登场、李德林的失宠，隋朝的掌权者变成了高颎、苏威、虞庆则和杨雄。这就是所谓的“隋初四贵”。

四、用人方略

那么，为什么李德林的位置会被苏威取代？这反映出隋文帝怎样的用人思想呢？

其实，李德林之所以被苏威取代，固然有一些具体因素，但是，在所有的具体因素背后，还有两大隐性因素非常重要。

第一，李德林是关东人，属于原来北齐的范畴；而苏威是京兆武功人，属于原来北周的范畴。而在隋文帝心中，显然更信任出身关中地区的北周系统官员。

事实上，这样的地域倾向性不仅在隋文帝身上存在，在隋文帝的重要谋臣高颎身上也同样存在。李德林和虞庆则发生冲突，他无条件支持虞庆则，李德林和苏威发生冲突，他又无条件支持苏威。他的这种支持恐怕不仅仅出于政治见解，还是门户之见。虞庆则和苏威都是他推荐的人，都是关中人，都是自己人，而李德林是外人，这就是党同伐异。以此言之，隋朝君臣确实有器局不够阔大的弱点。

第二，李德林更多地考虑基本政治原则，而苏威则偏重于具体的行政工作。换言之，李德林是思考型官员，苏威是办事型官员。在思考型和办事型之间，杨坚更喜欢办事型的。因为杨坚本身自视甚高，是权力欲望非常强的人。他最需要有人把他头脑中的蓝图变为现实，而不是也长出一个头脑，跟他一起思考，甚至跟他辩论。

这样一来，苏威的优势就非常明显了。虽然在当时就有人批评苏威过于苛碎，但是，隋文帝还是不为所动，反而对他赏识有加。因为他觉得，他跟苏威这样的关系，才是最为典范的君臣关系！

这样看来，隋文帝的用人政策就有他狭隘的一面了。这种狭隘，不仅表现在地域上，也表现在思想和心灵上。

不过，尽管有这样那样的问题，但总的说来，隋初的四贵还都是相当不错的大臣。特别是居于核心位置的高颎和苏威。两个人都兢兢业业，克己奉公。前面所讲的隋朝各项制度，其实都倾注了这些人的心血。

据史书记载，高颎即使在夜里也经常思考公务，他每天晚上睡觉之前，都在枕边放一个粉盘，以便夜里想起什么事来，记到粉盘上，以免早晨忘掉。这样一心为公的大臣，正代表着隋朝初年的政治元气。

另外，这四个大臣虽然各有特点，但他们都是政治上的后起之秀，在北周并没有什么势力，是隋文帝把他们提拔到各自的岗位上来的。因此，他们对隋文帝非常忠诚，这无疑有助于加强皇权。

事实上，不光大臣政治热情高涨，隋文帝自己的勤政程度也是罕见的。当时，官员杨尚希看到隋文帝“每旦听朝，日昃忘倦”，就劝他说：“周文王以忧勤损寿，武王以安乐延年。愿陛下举大纲，责成宰辅，繁碎之务，非人主所宜亲也。”周文王因勤于政务折损寿命，武王因安享帝位延年益寿，希望陛下您列举出政务大纲，就交给宰相去做吧。那些烦琐的小事，不值得您来亲自操持啊。

隋文帝也许有点管得太多太细了，但是，和魏晋南北朝时期那些荒唐的皇帝相比，勤政又是他难得的优点。有这样一个孜孜不倦的皇帝，再有这样一些忠诚勤勉的大臣，对于历经南北朝混乱政局的老白姓而言，隋朝当然是一种崭新的气象。那么，帝国的发展又将铺开哪些新的篇章呢？

第十三章 营建新都

刚刚当上皇帝的隋文帝，除了进行制度建设以外，还兴建了一项举世无双的工程——大兴城，也就是后来唐朝时的长安城。大兴城是如何兴建的？隋文帝建造大兴城，体现了他怎样的梦想？

一、议定迁都

经过一番制度和人事的变革，隋朝的中央集权显著加强，整个国家也欣欣向荣。可是，隋文帝觉得还不够，他还要建一个有形的东西，让人一看，就能感觉到君主至高无上的权威，也感受到这个新王朝的宏大气魄！这个有形的，天下人都能看到的东西是什么？是一座崭新的都城。

既然说到要建新都，那么，原来的都城在哪里？隋朝篡了北周的天下，同时也就继承了北周的都城。这个都城就是西汉时期建立的长安城。地处渭水南岸的龙首原上，西汉之后王莽的新朝、东汉末年、西晋后期、前赵、前秦、后秦、西魏、北周都把这里作为都城，累积算下来，已经有将近八百年的历史了。这么一座历史悠久的古城，隋文帝为什么不满意？史书记载了三方面的原因。

第一，长安城鬼怪纵横。

说到鬼怪，今天的无神论者可能觉得这是无稽之谈，但是，隋文帝接受的可不是无神论教育，他是在尼姑庵长大的，是个有神论者，他怕鬼。他最怕什么鬼？政治斗争的屈死鬼。

隋文帝在建国之初对北周宗室大开杀戒，当初是希望能减少威胁，睡个踏实觉。但是，现在这个城市里神出鬼没，他又害怕了，是不是这些亡灵变成厉鬼来报复自己了？所谓疑心生暗鬼，隋文帝越想越睡不踏实了。既然这座城市里故事太多，那还不如建一个没什么故事的新城。

第二，长安城水体污染严重，水灾频繁。

水污染不仅是现代社会存在的问题，在古代同样存在。长安城建都将近八百年，无数人在这里生息繁衍，浅层地下水早已受污染，按照当时的说法就是“水皆咸卤，不甚宜人”。

另一个问题是离河太近，容易闹水灾。

长安城的北面就是渭水。隋朝的时候，渭水的位置远比现在靠南，就在长安城边流过，渭河一发水，长安城就告急。根据《隋唐嘉话》的记载，有一天，隋文帝做了一个梦，梦见渭水把长安城给淹了，这才真是日有所思，夜有所梦。这样的都城，不能给人安全感，这是隋文帝想要迁都的第二个原因。

第三，长安城格局不规整，不足以体现皇家威严。

汉朝的长安城不是规划好了再建的城市，而是从汉高祖到汉武帝，陆陆续续修成的，是自然成长起来的城市。这样的城市必然不规整。一般的不规整也罢了，最不理想的是，受汉代以前居室布局观念的影响，皇宫未央宫偏在了城市的西南角，这哪能体现出天子堂堂正正、君临天下的器局！

另外，因为城市是自然形成的，所以，宫殿和官衙、民居都交错在一起，不仅不够严整、气派，就是治安也非常不好管理。

出于这些原因，隋文帝当上皇帝后，就很想迁都。

可是，迁都是一件大事，不能说迁就迁，要考虑各种因素。最重要的因素是，当时国家刚刚建立，财政也不富裕，而且北有突厥，南有江南的陈朝，还得准备军事战争，再搞这样大的工程建设，大臣也好，老百姓也好，能不能接受？

隋文帝不是一个任性的昏君，他是个对自己要求很严的皇帝，不希望落人褒贬。所以，尽管很想迁都，但还是非常犹豫。不过，犹豫到开皇二年（582）六月，终于有了实质性进展。开皇二年（582）六月，文帝把两个最得力的大臣高颎和苏威找来商量对策了。商量到半夜，还是没有得出什么结论，只好散会。

可是，第二天早晨上朝的时候，著名术士庾季才上了一个奏章。他说："臣仰观玄象，俯察图记，龟兆允袭，必有迁都。"臣仰观天文，俯察地理，发现天地都在暗示一件事：我们该迁都了。

看了他这个奏章，文帝什么反应？按照《资治通鉴》的记载："帝愕然，谓颎、威曰：'是何神也！'"这也太神奇了吧，怎么我一想迁都，上天就来凑巧呢？

那么，是不是真有这么个神奇的天象？这倒不一定。当年，杨坚刚刚当上辅政大臣的时候，向庾季才打听天意，庾季才说了一句最老实的话，他说，天象精微，我也说不好，但是，就算上天不支持，您难道还能退回去不成？那个时候，他承认天象不容易看懂，怎么到了这次，他又一下子看懂了？所以，这所谓的天象，恐怕只是一个说辞。

问题是，既然天象不一定存在，庾季才怎么就在这个时候恰如其分地拿出这么一个奏章？很明显，高颎和苏威这两个宰相给他暗示了。这两个人知道皇帝想要迁都，但是又犹豫不决，所以跟庾季才打了招呼，让他利用自己的专业知识，给皇帝打打气。

然而，光有天象还不行，还要有人的支持。这时候，老臣李穆出面了。李穆是关陇贵族集团的代表人物。三方叛乱的时候，李穆支持杨坚，对于杨坚赢得战争起到了至关重要的作用。所以，杨坚当上皇帝之后，也投桃报李，给李穆安排了太师的荣誉头衔，虽然没有什么实际权力，但是，这毕竟是国家最高官职，正一品，比宰相还高。

隋文帝不光让李穆当一品大员，还把李穆全家都照顾到了。他们家担任五品以上官职的有一百多人。

按照当时的规定，五品以上官员上朝的时候就可以拿着象牙做的笏板了，李家的笏板如果放在一起的话，能堆满一屋子，这在中国古代可是难得的荣耀。皇帝这样给面子，李穆也得处处发挥模范带头作用。现在，皇帝需要有人带头表态，李穆当仁不让。

所以，庾季才上书之后没两天，李穆也上书了。他说：“帝王所居，随时兴废，天道人事，理有存焉。始自三皇，暨夫两汉，有一世而屡徙，无革命而不迁。曹、马同洛水之阳，魏、周共长安之内，此之四代，盖闻之矣。曹则三家鼎立，马则四海寻分，有魏及周，甫得平定，事乃不暇，非曰师古。……伏惟陛下膺期诞圣，秉箓受图，……变大乱之民，成太平之俗，百灵符命，兆庶讴歌。……至若帝室天居，未议经创，非所谓发明大造，光赞惟新。自汉已来，为丧乱之地，爰从近代，累叶所都。未尝谋龟问筮，瞻星定鼎，何以副圣主之规，表大隋之德？”什么意思呢？此番上奏，有三层意思。

第一，一个王朝对应一个都城，从三皇五帝直到两汉，没有改朝换代而不迁都的。那怎么解释曹魏和西晋都定都洛阳，西魏和北周都定都长安？李穆说，那是因为这些朝代都是乱世，还没来得及迁都就灭亡了，不足为法。

第二，陛下是应天顺人的一代明君，一登基就移风易俗，开创了崭新的大好局面，所以，在都城方面也应该有所改变。

第三，现在的都城自汉代以来屡经战火，已经残破不堪，而且一开始建立的时候就未经规划，怎么能担当起我们大隋首都的重任！

这三条道理讲得头头是道，足以打动人心。杨坚一看，大喜过望，说：“天道聪明，已有徵应，太师民望，复抗此请，则可矣。”现在，天意、人心都已经表达清楚了，杨坚也就下定决心了，营建新都！

二、营建新都

营建新都城的决心已经下了，但是，要把它变为现实，还要解决三个问题。

第一，新都城在哪里建？

第二，这么大的工程，怎么来规划？

第三，如何在国家财力不太雄厚的情况下把都城建起来？

先看第一个问题。新都城建在哪里？关中平原被山带河，进可攻，退可守，地理位置优越，又是关陇集团的大本营，隋文帝可不想离开这里。不仅不想离开关中，他连旧都所在的龙首原都不想离开，龙首龙首，这名字听着多吉利！那新都到底建在哪儿？旧都建在龙首原的北部，隋文帝倒是看好了龙首原的南部。南部比较开阔，可以容纳一个比较大的城市；另外，南部远离渭河，也可以避免水灾的干扰。

解决了选址的问题，接着就要解决规划的问题了。要知道，这次营建新都可是一切从零开始，等于是在一张白纸上重做文章，规划可是重中之重。规划由谁来负责？隋文帝找了一个名叫宇文恺的人。

宇文恺又是何许人？根据《隋书·宇文恺传》的记载，宇文恺是鲜卑人，他的父亲宇文贵和隋文帝的父亲杨忠一样，都是西魏十二大将军。他的哥哥宇文忻则是隋文帝平定尉迟迥叛乱时重要的将领。全家都以武力知名，只有宇文恺“好学，博览书记，解属文，多伎艺，号为名父公子”。

从这段描述中，就可以明白隋文帝为什么要选他了。除了父一辈、子一辈的交情之外，宇文恺还有两个额外的优点。

第一，多技艺，是个技术专家，懂建筑。

第二，博览群书。所谓博览，那就不是只看专业书籍了，他还具有综合的人文素质。

能够把专业技术和人文精神结合起来，让技术工艺体现文化内涵，这是难得的人才。

可是，宇文恺毕竟姓宇文啊，也算北周宗室。隋文帝称帝的时候，不是对北周宗室大开杀戒吗？确实，宇文恺最初也上了死亡黑名单，但是，因为他是个难得的建筑人才，他哥哥又是功臣，所以，隋文帝才高抬贵手放了他。

现在，隋文帝又把营建新都的任务交给他，那对于宇文恺来说，就有点戴罪立功的味道了，所以，他干得也格外卖力。

为了完成这个光荣而艰巨的任务，宇文恺先在脑子里建了一座城。他觉得，既然要建都城，那就必须符合三个要求。

第一，气派。

第二，有文化。

第三，安全。

怎样才能做到气派？这就要从规模上下功夫了。根据宇文恺的规划，这座新都东西宽九千七百二十一米，南北长八千六百五十一米，周长约三十七公里，总面积八十四平方公里。这个规模大不大？做一个比较就知道了。它是汉代长安城的2.4倍，是明清时期北京城的1.4倍，在整个中国古代无出其右。这是纵比。

再看横比，它是黑衣大食（也就是阿拉伯帝国）的首都巴格达城的6.2倍，是东罗马帝国首都拜占庭城的7倍。要知道，在当时，隋朝、大食和东罗马可是三足鼎立的强国，但是很显然，论都城，后两者可比隋朝差远了。事实上，宇文恺规划的这座新城，是全世界在近代以前建造的最大的一座城，规模本身就意味着气派。

气派有了，文化意象又怎么体现呢？用结构体现。宇文恺把整个都城划成了三个区域。

第一个区域是宫城，就是皇帝的办公区和生活区，在全城的最北面。为什么在最北面？宇文恺说，皇帝就好比天上的北极星。北极星在中国古代可是一颗政治明星。孔子说过：“为政以德，比如北辰，居其所，而众星拱之。”众星围绕着北极星，就犹如全国人民拱卫着皇帝一样。既然北极星在天空的最北面，皇帝也得在都城的最北面。

第二个区域是皇城，就是文武百官的办公区，在宫城的南边。从天象上说，这象征着围绕北极星的太薇垣；从人事上说，皇帝南面称尊，面朝南接受臣子的跪拜，那臣子待的地方当然就应该在皇帝的南面。

第三个区叫外郭城，从东、西、南三面拱卫着宫城和皇城。从天象上说，当然意味着众星拱卫北极星；从人事上说，则象征着全国人民团结在皇帝和朝廷的周围。这是南北方向的结构。

那么，东西方向的结构怎么安排？中国人喜欢对称，所以，沿着中轴线东西对称是最合理的安排了。这条中轴线就是从皇城的正南门直通整个都城正南门的朱雀大街，街宽一百五十米，比现在北京城的长安街还要宽整整三十米。在朱雀大街的两侧，是整整齐齐、东西对称的里坊，相当于现在的居民区。

因为太整齐了，所以后来唐朝的诗人白居易曾经写诗《登观音台望城》说："百千家似围棋局，十二街如种菜畦。"

这棋盘一般的安排已经很有文化了，但是，还不算完。宇文恺在实地考察的时候发现，龙首原不是一马平川，它从北到南一共有六条土坡，避不开。既然避不开，那就只能考虑怎么合理利用了。

怎么处理这六条土坡？宇文恺把这六条坡和《易经》的卦象联系在一起了。他说，这不就是乾卦的六爻吗？

《易经》一共六十四卦，排在第一的是乾卦。每一卦都有六爻，也就是阴和阳的组合。乾卦的六爻是什么？初九，潜龙勿用；九二，现龙在田；九三，君子终日乾乾；九四，或跃在渊；九五，飞龙在天；九六，亢龙有悔。虽然说每一个爻有自己的道理，但是，从一般角度看，比较好的当然是九二、九三和九五这三个爻。

既然如此，宇文恺就在这三条土坡上安排主体建筑了。

他把皇帝的宫殿放在九二这条坡上。皇帝是龙，当然要放在现龙在田的位置上。九三这条坡上建百官的官衙，这就叫君子终日乾乾，象征为官之道。再下一个好位置就是九五了，九五是飞龙在天，这可不是凡人能待的地方，干脆建寺庙和道观，给神仙和佛祖居住。

就这样，通过宇文恺这么一设计，整个新都城处处都透出文化气息来。这个文化的核心是什么？尊君卑臣，皇帝至高无上！

最后，再看第三个需要重点考虑的问题，安全。其实，把百姓住宅区、政府办公区和皇帝起居区区分开来，已经是一种安全防范措施了，但是，宇文恺觉得，这还不够。为了体现皇帝就像北极星的理念，他把皇宫放在了最北面，可是，北面无遮无拦，太不安全了。

怎么办？宇文恺大笔一挥，把皇宫的北面都划成了禁苑，也就是皇帝的后花园、狩猎场。原来的都城，也都包在了禁苑之中。禁苑里再驻扎上军队，专门保卫皇帝，这样一来，安全问题就解决了。

当然，宇文恺没有预料到，人防终究不那么可靠。后来唐朝发动宫廷政变，阴谋家勾结北门禁军直扑皇帝寝宫成了惯例，北面的玄武门也因此成了最危险的城门。不过，这毕竟是唐朝的事情了，宇文恺还管不到。他正沾沾自喜于自己伟大的设计，整个新城，想想就觉得气魄雄伟、美轮美奂！

整体设计有了，怎样才能迅速地把图纸变为现实，还不特别劳民伤财？在这一点上，隋文帝可做出表率了。他的思路是低碳环保，废物利用。修建新都的建筑材料，隋文帝可没有到处砍森林，运木材。他直接从旧都城拆，拆东墙补西墙。

何以见得是废物利用？看唐朝的史料就知道了。唐朝开元年间，太庙忽然崩塌，唐玄宗觉得很不吉利，就去问姚崇。姚崇说：这太庙早该塌了。太庙的柱子还是前秦时候留下来的，从前秦一直用到北周。后来隋文帝迁都，又把这些柱子拆下来，搬到了新都，修成了太庙。而大唐又沿用了隋朝的太庙。所以，这几根柱子已经用了几百年，哪有不朽烂的道理！

要知道，在古代，太庙可是非常重要的建筑，连太庙的柱子都是从旧城拆下来的，那其他的建筑材料也就可想而知了。这样低碳环保、循环利用的理念，即使放在今天也可圈可点，令人佩服。

就这样，因为隋文帝的雄心，因为宇文恺的规划，当然，也因为几万老百姓的辛勤建设，新都很快就建成了。到底有多快？开皇二年（582）六月刚刚开始规划，到了开皇三年（583）

三月，隋文帝已经率领文武百官搬家了！这么大的工程只用了十个月就竣工，这在世界建筑史上也是奇迹。

那么，这座新都叫什么名字？隋文帝给它起了个名字，叫大兴城。

这个名称是根据杨坚在北周的爵位来的。杨坚刚刚踏上仕途的时候，得到的第一个爵位就是大兴公。在隋文帝看来，大兴公是他一生事业的开始，他希望这个吉祥的名字，也能成为这座城市辉煌的开始。从名字就可以看出来，隋文帝对这座新都，对他主宰的这个新的王朝，寄予了多大的希望啊！

三、大兴城的意义

大兴城这座崭新的都城，对于隋朝，对于中国历史，意味着什么？有三个方面值得注意。

第一，大兴城是隋朝建设的第一项重大工程，也是最为成功的一项工程。为什么说它成功？因为它兼顾了气魄宏大和爱惜民力两个方面。大兴城是中国古代最大的一座都城，不仅满足了隋朝的需要，而且，后来中国历史上最为强盛的唐朝继续在这里定都，仍然一点都不觉得局促。

要知道，唐朝时期，首都的人口超过百万，但是，整个都城除了局部调整之外，并没有整体的扩建改建，就是因为隋朝建立时的气魄足够宏大，给后世留下了足够多的发展空间。这是这座城市的超前之处，也是它的伟大之处。更难得的是，建设这么大的一个公共工程，并没有搞得官怒民怨。这就不得不承认隋文帝的功劳了。

他是怎么建设这座城市的？大胆规划，小心落实。他明白，这么大的工程如果想一步到位，老百姓的负担肯定相当沉重，怎么办？分期建设。

隋文帝时期，只是把城市的框架搭建起来，把最重点的宫殿修建起来了，其他都暂缓进行。就比如说城墙，隋文帝时候还相当低矮，后来到隋炀帝时候，才又增修了一下，基本成为后来一丈八尺的规模。

一个封建帝工，能够在建设公共工程的时候兼顾老百姓的承受能力，真算难能可贵，也正因为如此，这个工程才能得到老百姓的理解和拥护。反观后来隋炀帝修大运河，本来是一件好事，就因为没有兼顾到老百姓的承受能力，才落下了千年的骂名。

第二，大兴城建设的核心精神是皇权至上。大兴城的设计和建设都是以皇帝居住的宫城为出发点的。整个城市以宫城为原点向南层层推进，地位越高，离皇帝越近，反之，地位越低，离皇帝越远，这是礼教的秩序。但是，无论地位高低，距离远近，只要居住在这个城市，看着高大的宫殿和森严的布局，每个人都能由衷地感受到皇帝的权威。而皇权至上，正是这个新王朝的基本精神，其实也是中国传统政治的突出精神。

第三，大兴城固然彰显了新王朝的宏大气魄，但是，也体现出某种拘谨的气息。为什么这样说？这个城市其实像一个俄罗斯套娃。宫城是一个基本的模子，皇城就是宫城的一个扩大版，外郭城是皇城的扩大版，甚至，城里的每一个坊也都是用同一个模子套出来的。可以想象，居住在这样的城市中的老百姓，就像一个个士兵一样整齐，但是缺乏个性。这正是隋文帝心目中臣民的标准形象。

这种既昂扬向上、尊重权威，但又严肃有余、活泼不足的精神其实也正是隋朝的精神。那么，在这种精神指引下的新王朝，还会遇到哪些新问题？

第十四章 降服突厥

就在大隋王朝沉浸在新都落成的喜悦中时，北部边境的突厥民族，突然进犯。在这种情况下，隋文帝将如何应对？在与突厥交战的过程中，双方究竟有着怎样的心智较量和武力比拼？

一、突厥势盛

隋朝建立之后，建立新制，起用新人，营建新都，真是万物维新，整个国家呈现出一派欣欣向荣的局面。但是，隋朝并不是孤立地存在于世界上，它除了要处理国内问题，还要面对纷繁复杂的国际关系。开皇二年（582）五月，就在隋朝上下齐心合力进行内部建设的时候，边境忽然传来一个坏消息，北方的突厥率领四十万大军，伙同原来北齐的营州刺史高宝宁，朝着整个长城沿线扑过来了！四十万大军在当时可是极大的数字，突厥为什么要如此大规模地进攻隋朝？有几个原因。

第一，突厥不希望隋朝统一。公元6世纪初突厥从蒙古草原崛起之后，很快就成了北亚霸主。而当时的中原地区正是北齐和北周并立，双方为了压倒对手，都争相结好突厥，每年都向突厥输送大量财物。

这样一来，突厥可太高兴了，骄傲的佗钵可汗曾说："我在南两儿常孝顺，何患贫也！"只要我在南边的两个儿子都孝顺，我怎么会担心穷呢！

两家的好处它都吃，突厥到底帮谁？北齐强的时候帮北周，北周强的时候则帮北齐。总之，就是要让两个政权保持平衡，维系东西分裂的局面，自己渔翁得利。可是后来，北周统一了北齐，接着，隋朝又取代了北周，这个平衡就被打破了，这对突厥相当不利。更让他们觉得刺激的是，新生的隋朝对突厥非常冷淡，再也不向突厥进贡了，突厥怎么能够容忍呢？

第二，突厥的可贺敦，也就是第一夫人是北周的千金公主，也想为自己的家族报仇。千金公主是赵王宇文招的女儿，在北周末期嫁到突厥来和亲。可是，杨隋代周，整个北周皇室差不多被一网打尽，她的父亲赵王也被杨坚陷害，死于非命。

女儿哪怕远在天边，也永远把娘家放在心底。想想娘家的悲惨遭遇，千金公主真是无限辛酸。于是，她天天在突厥可汗沙钵略面前吹风，让他替自己报仇。在她的鼓动下，沙钵略对下属贵臣说："我，周之亲也。今随公自立而不能制，复何面目见可贺敦乎！"我可是北周皇室的亲戚啊。如今他杨坚当了皇帝，我要是不做出点姿态，哪有脸再见我的可贺敦！

第三，当时蒙古草原正面临严重的自然灾害。整整一年都没有下雨下雪。突厥可是逐水草而居，现在水没了，草也枯了，牲畜大量死亡，真是致命的打击。突厥人要维持生存，也只能走打仗、抢掠这条路了。

基于这样三个原因，就在开皇二年（582）五月，突厥向长城一线发起了猛攻。

面对来势汹汹的突厥，虽然隋朝刚刚立国不久，但隋文帝还是坚决主张，打！之所以这么坚决，也有他的一番考虑。

第一个考虑针对整体局势。他知道，突厥出于对自己利益的考虑，不想看到中原地区统一，因此，想跟突厥寻求和平是不可能的，既然想打也得打，不想打也得打，不如索性丢掉幻想，破釜沉舟。

第二个考虑针对突厥实力。他觉得，突厥没有传说中的那样可怕。北周时期，隋文帝的父亲杨忠曾经与突厥联手攻打北齐。结果突厥人来了之后，抢东西倒是勇猛，真打起仗来都跑光了。杨忠太生气了，回到朝廷之后，就打报告说：“突厥甲兵恶，赏罚轻，首领多而无法令，何谓难制驭？由比者使人妄道其强盛，欲令国家厚其使者，身往重取其报。朝廷受其虚言，将士望风畏慑。但虏态诈健，而实易与耳。”杨忠认为，突厥人装备差，而且赏罚不分明，首领多而法令不统一，因此并没有那么能征善战，难以控制。过去我们老是觉得他们可怕，是因为过去派去的使者，都妄言突厥有多强盛，想让国家给突厥使者更优厚的财物，自己往来出使突厥时也能得到丰厚的报偿。朝廷受到这些使者的虚假欺骗，将士们也都望风畏惧。现在我认为，他们不过是些貌似强壮的纸老虎，实际上很容易对付。

当时杨忠这番言论并没有打动皇帝，倒是给杨坚留下了深刻印象。谁说突厥就一定战无不胜？把这两方面的原因叠加起来，隋文帝就不想妥协了。

所以，他当了皇帝之后，马上就叫停了对突厥的进贡，而且，征调百姓，修补长城，还派出将领镇守边关，一直在做战争的准备工作。现在，既然敌人已经进犯，那就还击吧。

二、战斗英雄

要知道，自五胡十六国时代以来，中原政权跟北方少数民族打，基本就没赢过。而这次隋朝跟突厥交战，真是打出了威风，涌现出两个一级战斗英雄：一个叫达奚长儒，另一个叫史万岁。

先看达奚长儒。达奚长儒是鲜卑人，是行军元帅虞庆则的麾下。

当时，突厥已经进入渭水流域，隋文帝赶紧命令虞庆则进驻弘化（今甘肃庆阳）。到了弘化之后，虞庆则就派达奚长儒先带一个小分队去探探路。

可是，达奚长儒万万没想到，就在离弘化不太远的周槃，他和沙钵略的大部队遭遇上了。达奚长儒手下只有两千人，而沙钵略这边则是十几万人。士兵一看面前黑压压望不到头的骑兵，吓得腿都软了。

怎么办？达奚长儒觉得，众寡如此悬殊，如果掉头逃跑，等于自己先乱了阵脚，到时候，突厥骑兵蜂拥而上，不用说打，踩也把人踩死了。因此，不能乱跑，只能是以战求生。他把战士编成严整的方阵，每个人都长刀在手，步调一致地往弘化方向撤退。

突厥人怎么能让这些到嘴的羊羔轻易逃跑？排山倒海一般冲了过来。一阵刀光剑影，达奚长儒的方阵很快就被冲散了。可是冲散了不要紧，达奚长儒一声令下，再把散兵重新组织起来，还是编成方阵，边战边走。就这样，聚了又散，散了再聚，紧紧团结在达奚长儒的周围，就是不屈服。开始战士们手里还有兵器，后来，剑都折了，刀也卷刃了，就用拳头来打，打得手上的骨头都露出来了。

这些战士为什么如此顽强？因为达奚长儒本人也是身先士卒。他五处受伤，其中，贯通伤就有两处，但是依然裹伤迎敌，这成了对部下最好的激励。达奚长儒这支小分队坚持了整整三天，顶住了突厥人十四次进攻！到了第三天，两千人的队伍只剩下了二三百人，不过他们也离弘化城越来越近了。

按说，这个时候，虞庆则应该率军出来接应。但是非常遗憾，他没有。别看虞庆则平时可以左右开弓，号称名将，可当他看到这一小队血肉模糊的队伍后面跟着那么多突厥人，还是害怕了，紧闭城门，不敢救援！

那么，这二三百人的队伍到底怎么样了？是不是被突厥人消灭了？也没有。仗打到这么惨烈，已经远远超过突厥人的预期了，面对着眼前这支不要命的队伍，再看看身后一路的尸体，再看看前面高大的弘化城城墙，骄傲的突厥人忽然失去了继续战斗的勇气，自己主动撤退了。

最后清点战场，达奚长儒以两千人的兵力，杀伤敌军过半，这真是世界战争史的奇迹。隋文帝也是深受震撼，下诏通令嘉奖。诏书说："突厥猖狂，辄犯边塞，犬羊之众，弥亘山原。而长儒受任北鄙，式遏寇贼，所部之内，少将百倍，以昼通宵，四面抗敌，凡十有四战，所向必摧。凶徒就戮，过半不反，锋刃之余，亡魂窜迹。自非英威奋发，奉国情深，抚御有方，士卒用命，岂能以少破众，若斯之伟？言念勋庸，宜隆名器，可上柱国，余勋回授一子。其战亡将士，皆赠官三转，子孙袭之。"意思是说，突厥人猖狂，侵犯我边塞，敌人多如羊犬，遍布山野。长儒受命去北边阻敌。他率领不足敌人百分之一的士卒，不分日夜，四面抗敌，历经十四次激战，所向披靡。来犯的突厥人，大半有来无回，沦为刀下亡魂。如果不是长儒英勇威武，赤心报国，抚慰统御军队有方，让士卒拼死效力，又怎么可能以少败多？他的功勋应当镌刻于宝器，他应当被封为上柱国，剩余的功绩足以再授封一个儿子。那些阵亡的将士，都赐官位三级，由子孙承袭。大力表彰了这个英雄群体。

再看第二个战斗英雄史万岁。史万岁对付的就不是沙钵略可汗了，而是阿波可汗。当时突厥一共有五大可汗，沙钵略算是他们的共主。每个可汗都有地盘，互不统属，但遇到战争则要听沙钵略调遣。所以，沙钵略可汗进攻东部地区的时候，阿波可汗也从西边向隋朝发起进攻。

隋文帝派他的姐夫窦荣定为行军元帅，西出凉州（今甘肃武威），迎战阿波。眼看两军交战在即，窦荣定说，两国交战，士兵何罪之有！为什么非得杀这么多人才能分出胜负呢？不如我们双方各派一个壮士决一雌雄，我们赢了，你们撤退；你们赢了，我们撤退。

阿波可汗也是英雄，喜欢这种一对一的比法，马上表态说，没问题，那就单挑。

窦荣定为什么有这么大的把握要单挑？因为他手里有一个秘密武器，这个武器就是史万岁。此人可是个传奇人物。他出身昭武九姓之史国，是个胡人。北周末年“三方叛乱”的时候，他隶属于韦孝宽军团，是行军总管梁士彦的手下。

一次行军的路上，天上飞过来一行大雁。史万岁就对梁士彦说，看我来射那第三只！说完，盘马弯弓，第三只大雁应声落地。史万岁的名声一下子就传开了。

后来，史万岁因为卷进一场谋反案，被发配到敦煌戍边。开始的时候，长官还不了解他，总是羞辱他，有一次史万岁在长官面前露了一手，长官马上心服口服，把他视为自己的得力助手。

敦煌紧挨着突厥，史万岁经常到突厥那边打猎去，每次都是深入好几百里，从来没有失过手。所以，突厥人对他也是久仰大名，相当畏惧。现在，朝廷用人之时，史万岁投靠到窦荣定的门下，窦荣定也是早闻大名，把他当成了秘密武器。

既然两军的长官都已经同意了单挑，史万岁就跃马而出，就在两马交错的一瞬间，神鬼不知之际，突厥壮士的人头已经在史万岁的手里了。突厥人一看，大惊失色，再一打听，原来他就是大名鼎鼎的敦煌戍卒史万岁，更是佩服，只好如约后退。就这样，因为史万岁一个人，几千几万人的性命就保住了。

讲完两个战斗英雄的故事，就不难明白，如果说达奚长儒和他的部队体现的是隋朝军队坚韧顽强的集体风貌，那么，史万岁体现的就是隋朝将领的个人英雄主义了。有这样英雄的将领，再有这样不屈的士兵，隋朝还有什么打不赢的仗吗？

三、外交胜利

但是，自古以来，打仗并不只在战场上进行。就在将士们前线浴血厮杀时，隋朝的外交活动也在配合进行。在这条战线上，也出现了一个了不起的人物——隋朝著名的外交家，唐朝长孙皇后的父亲，长孙晟。

开皇二年（582），突厥大举进犯，突厥刚一出兵，长孙晟就给隋文帝上了一道奏疏。他说："玷厥之于摄图，兵强而位下，外名相属，内隙已彰；鼓动其情，必将自战。又，处罗侯者，摄图之弟，奸多势弱，曲取众心，国人爱之，因为摄图所忌，其心殊不自安，迹示弥缝，实怀疑惧。又，阿波首鼠，介在其间，颇畏摄图，受其牵率，唯强是与，未有定心。今宜远交而近攻，离强而合弱。……乘衅讨之，必可一举而空其国矣。"什么意思？

当时，突厥分为五大可汗，第一个是沙钵略可汗，名叫摄图；第二个就叫第二可汗，叫庵罗；第三个称为阿波可汗，名叫大逻便；第四个称为达头可汗，名叫玷厥；第五个则是沙钵略可汗的亲弟弟突利可汗，名叫处罗侯。

长孙晟说，突厥目前最大的问题就是内部分裂。在这五大可汗中，达头可汗、阿波可汗和突利可汗都与沙钵略有矛盾。既然他们彼此有矛盾，那我们就应该离强合弱，远交近攻，充分利用他们之间的内部矛盾，就可以收到事半功倍的效果。

这可是一个具有战略眼光的判断。隋文帝一看这份奏疏，非常高兴，马上把长孙晟请到跟前，想要亲耳听听他的高见。结果，长孙晟一边讲着天下大势，一边就把突厥的山川地图给画出来了，而且，还把每个可汗的强弱虚实都给隋文帝剖析了一遍。

隋文帝一听太震撼了。这长孙晟怎么对突厥的事情这么清楚？因为当年送千金公主和亲的时候，他就是送亲使团的副团长。

当年突厥和北周和亲，两边都争相夸耀自己的力量，所以，送亲团也好，迎亲团也好，各个都是容貌英俊、武艺高强。长孙晟能够在这个精选出来的队伍里成为副团长，可见水平很高。

果然，到了突厥后，沙钵略可汗对其他人都没放在眼里，唯独看中了长孙晟，挽留他住了一年多。

有一次，沙钵略可汗和长孙晟一起出游，正好看见两只雕争肉吃。沙钵略顺手给了长孙晟两支箭，说，你把这两只雕射死吧。长孙晟看了看角度，只抽出一支箭来，弯弓射过去，一下把两只雕穿成了糖葫芦。这就是成语“一箭双雕”的来历。

突厥民族天生崇尚英雄，一看长孙晟射箭这么准，沙钵略对他佩服得无以复加，让贵族子弟都来陪他玩，跟他学射箭。特别是沙钵略的弟弟突利可汗，干脆偷偷跟长孙晟结了盟，天天来和长孙晟一起指点江山，纵论天下大事。历史上哪个特工能有这样好的工作条件啊！一年之后，长孙晟已经把突厥的部众强弱、山川地理和战略虚实都弄得一清二楚了。

现在，两国交兵，他把这些成果都贡献给隋文帝，隋文帝能不重视吗？马上就照长孙晟说的去做外交了。

隋文帝派出了两个使团。一个使团往西，去找沙钵略的叔叔达头可汗，赐给他一面狼头纛，也就是狼头大旗，这在突厥人看来是权力的象征，向他表示，隋朝更认可他的权力；还有一个使团往东，由长孙晟亲自率领，去找从前的朋友，沙钵略的弟弟突利可汗，跟他重修旧好。这就等于在沙钵略的东西两边各插了一把尖刀。

这还不算，更厉害的一招是对付阿波可汗的。阿波可汗和窦荣定交战，结果，窦荣定让敦煌戍卒史万岁出马，把阿波吓退了。当时，长孙晟就在窦荣定身边当偏将。他一看阿波退兵，马上就派使者去找阿波了。对他说："摄图每来，战皆大胜。阿波才入，遽即奔败，此乃突厥之耻也。且摄图之与阿波，兵势本敌。今摄图日胜，为众所崇；阿波不利，为国生辱。摄图必当因以罪归于阿波，成其夙计，灭北牙矣。愿自量度，能御之乎？"人家沙钵略每次出来，都能打胜仗，可是你居然一打就输，这不是突厥的耻辱吗？况且沙钵略与你阿波兵力相当，如今沙钵略连日获胜，受人崇敬，而你阿波战则落败，给国家带来了耻辱。沙钵略肯定会乘机归罪于你，达成他图谋已久的野心，向北消灭掉你。

言外之意，沙钵略早就想吞并你的势力，这次肯定要拿这件事做文章，你估计自己打得过他吗？

阿波一听，出了一身冷汗，是啊，这可怎么办？赶紧派人听听长孙晟的高见。长孙晟对他的使者说："今达头与隋连和，而摄图不能制，可汗何不依附天子，连结达头，相合为强，此万全计也，岂若丧兵负罪，归就摄图，受其戮辱邪！"现在达头可汗已经与我隋朝联合，沙钵略不能再制约于他。可汗何不也依附我大隋天子，联结达头，相互联合成强势呢？这才是万全之策啊。怎么至于兵败获罪，归向沙钵略，然后被他屠戮侮辱呢？总之，一句话，你就投靠我们大隋吧。

阿波听长孙晟分析得头头是道，想来想去，真派使者跟着长孙晟入朝了！

沙钵略一听阿波可汗派遣使臣到了隋朝，真是气不打一处来。你打败仗也就罢了，居然还敢叛变！趁着阿波可汗还没有回来，自己率军袭击了阿波可汗的牙帐，不仅收编了阿波可汗的部众，还把阿波可汗的母亲杀死了。

阿波可汗是个孝子，回来一看惨状，真是椎心泣血，只好掩埋了老娘，向西投奔达头可汗去了。而早就投靠了隋朝的达头可汗，一听阿波的遭遇，勃然大怒，马上援助阿波向东进攻沙钵略，阿波和沙钵略一交锋，原来被沙钵略收编的那些部众纷纷倒戈，又回到了阿波的旗下。

这样一来，沙钵略可就吃亏了，只好狼狈地逃回东边。俗话说墙倒众人推，一看沙钵略实力不如从前，其他大大小小的势力也都起来造反，真是众叛亲离。突厥逐渐分成了沙钵略的东部集团和阿波的西部集团两大势力。

本来，是突厥看着中原分裂，现在，风水轮流转，该是统一的中原政权看着突厥分裂了。这就是外交战的成果。

四、降服突厥

到这一步，隋朝终于迎来了自己的战略转折。此后，虽然隋朝还有过失败，但是总的来说，都无伤大局了。

到了开皇四年（584），沙钵略西抗阿波，南抗大隋，终于筋疲力尽，再也撑不下去了，只好向隋朝求和。自古以来，少数民族政权和中原政权建立友好关系，有一个重要的手段就是和亲。可是，现在突厥那里已经有了一个北周的千金公主，再和隋朝和亲不太方便。怎么办？

千金公主是个聪明人，一看形势不好，她再也不提给娘家报仇的事了，而是主动上表，请求改姓杨，做隋文帝的女儿。这不就等于突厥又和隋朝和亲了吗？那么，隋朝同不同意和亲？

当时，隋文帝的二儿子杨广，也就是后来的隋炀帝提出了反对意见。他说，和亲干什么，现在我们兵锋正锐，干脆一举把他灭了算了！

听儿子这么说，隋文帝笑了。小孩子懂得什么，如果灭了沙钵略，那阿波可汗就没人制衡了。所以，要接受沙钵略的请求。千金公主不是请求当隋文帝的女儿吗？隋文帝就重新给她改了一个封号，叫大义公主。这个封号是什么意思？理解成深明大义也行，理解成大义灭亲也行，反正，颇有点嘲讽的含义。

这时候，沙钵略可汗也管不了那么多了，赶紧给隋文帝上书：“从天生大突厥天下贤圣天子、伊利居卢设莫何沙钵略可汗致书大隋皇帝：皇帝、妇父，乃是翁比。此为女夫，乃是儿例。两境虽殊，情义如一。自今子子孙孙，乃至万世，亲好不绝。上天为证，终不违负！此国羊马，皆皇帝之畜。彼之缯彩，皆此国之物。”大隋皇帝陛下，您是我妻子的父亲，也就是我的丈人；我是皇帝女儿的丈夫，也就等于是皇帝的儿子。两国地方虽然隔得远，但情义是一样的。如今亲上加亲，子子孙孙乃至万世，都不会断绝我们的亲密关系。上天做证，我一定不会违背这份诺言。我国的羊马，都是你隋朝皇帝的牲口；而你的绫罗绸缎，也都是我的东西。

这封信写得太高调了。虽然当了女婿，但是处处想和隋文帝分庭抗礼。说什么我的牛羊是你的，你的丝绸也是我的，这隋文帝哪能同意？

怎么对付他呢？隋文帝也给他回了一封信：“大隋天子贻书大突厥沙钵略可汗：得书，知大有善意。既为沙钵略妇翁，今日视沙钵略与儿子不异。时遣大臣往彼省女，复省沙钵略也。”沙钵略可汗啊，收到你的信，我大大地感受到了你的心意。既然你认我这个老丈人，那我当然视你如同我的儿子一般。我就派个人看看我女儿、女婿去吧。

派谁去呢？探亲团的正团长是宰相虞庆则，副团长则是外交家长孙晟。这两个人都很厉害，一个有勇，一个有谋。

使团到了突厥，沙钵略果然耍起了花样。他把帐篷里摆满了各种各样的兵器和珍宝，然后大模大样地坐在榻上迎接虞庆则和长孙晟，说，我病了，不能起来拜见，再说，我们家从祖宗以来从来没给别人下跪过。

这态度多强硬啊。不光沙钵略强硬，千金公主也来帮腔了。她偷偷地对虞庆则说："可汗豺狼性；过与争，将啮人。"我家可汗是豺狼，你可别惹他，小心他咬你。这是在威胁虞庆则。

怎么办呢？这时候，长孙晟说话了。他说："突厥与隋俱大国天子，可汗不起，安敢违意！但可贺敦为帝女，则可汗是大隋女婿，奈何不敬妇翁！"这是在跟可汗讲家礼。咱们两国关系暂且不谈，可是，既然你要当隋文帝的女婿，那无论如何得拜见岳父吧。

沙钵略一听，愣在那里了，长孙晟说得有道理啊。他想了想也没有别的办法，只好起身下拜，跪着接受了隋文帝的玺书。

眼看沙钵略的气焰被打下去了，虞庆则又往前进了一步，让沙钵略称臣。沙钵略不知道什么叫臣，就问左右说："何谓臣？"左右有跟隋朝打交道多的，就告诉他说："隋言臣，犹此云奴耳。"所谓臣，就是我们所说的奴才啊。

这哪是沙钵略想要的结果，可是，既然跪也跪了，拜也拜了，沙钵略自己都泄气了，再争还有什么意思，干脆认命。

又过了一年，开皇五年（585），阿波可汗和达头可汗再次进攻沙钵略，沙钵略只好南迁到漠南，也就是今天的内蒙古草原，成了隋朝的保护国。

有个成语叫“祸不单行”。一次，就在沙钵略和阿波打仗的时候，有一个叫阿拔的部落偷袭了沙钵略的老巢，连他的妻子儿女都俘虏了。这时候，又是隋朝替沙钵略打败了阿拔，帮他夺回了妻子儿女。这样一来，沙钵略终于彻底服气了，上表给隋文帝说：“**天无二日，土无二王。大隋皇帝，真皇帝也！岂敢阻兵恃险，偷窃名号！今感慕淳风，归心有道，屈膝稽颡，永为籓附。**”天上没有两个太阳，地上没有两个国王，大隋皇帝才是真正的皇帝啊。我怎么敢倚仗天险去阻挡你的军队，又怎么敢偷走帝王的名号？从今以后我一定感念光大你的仁慈之心，诚心归顺于你，向你屈膝稽首，永远归附于你。再也不提什么我的牲畜都是你的，你的丝绸也都是我的这一类硬话了。

到了这个时候，突厥问题终于圆满解决。

就这样，因为突厥的内乱和天灾，因为隋文帝的坚强领导，因为将士的拼命厮杀，也因为长孙晟的外交努力，隋朝的北边威胁彻底解除，国内建设有了安全的保障，与此同时，一个以隋朝为核心的东亚新秩序也即将确立。那么，隋朝下一步会向何处去？

第十五章 隋陈对垒

随着突厥分裂成东、西两个部分，大隋王朝在北方的威胁基本解除。这时候，雄心勃勃的隋文帝又把目光转向了江南。统一南北，不仅是隋文帝的梦想，也是三百年来所有英主的共同梦想。问题是，江南地区的陈朝不仅经济繁荣，文化发达，还拥有长江这一天然防线，它会轻易屈服吗？面对这一对手，隋文帝又有什么想法？

一、昏君陈后主

开皇四年（584），隋朝经过外交努力和军事斗争，基本解决了突厥的问题。帝国北部的威胁解决了。马上，又一件大事提上隋文帝的议事日程——平定江南。

从永嘉五年（311）“永嘉之乱”西晋灭亡算起，江南地区和中原已经分离了将近三百年，如果再算上西晋之前割据江东的东吴政权，南北分裂的时间就更长了。这将近三百年里，江南地区先后建立了六个政权，就是东吴、东晋和宋、齐、梁、陈四朝，这也就是所谓的“六朝”。

经过六个王朝的开发治理，江南地区经济发达、礼乐昌明，有一个说法叫“六朝金粉”，和北方的金戈铁马形成了鲜明的对比。

中国有大一统的传统，谁都觉得南北分裂不是长久之计。所以在将近三百年的时间里，不断有人想统一南北，但是，最后都以失败告终。现在，轮到隋文帝来谋划统一大业了。

其实，古往今来，两国交兵，能否取胜取决于两方面的因素。

第一，自身如何。

第二，对手如何。

隋朝在隋文帝的带领下，兵强马壮，欣欣向荣，自身情况良好。那么，它的对手怎么样呢？

当时，和隋朝隔江对峙的是陈朝。陈朝的皇帝是一个大名鼎鼎的人物。此人姓陈，名叔宝，史称“陈后主”。

有人一听这个名字，马上就会想起杜牧的那首《泊秦淮》：“烟笼寒水月笼沙，夜泊秦淮近酒家。商女不知亡国恨，隔江犹唱后庭花。”陈后主就是《玉树后庭花》的作者，是个著名的昏君。这是本书提到的第三个昏君了。第一个是北齐后主，第二个是北周宣帝，第三个就是陈后主。

这三个皇帝虽然都是昏君，但是，昏得各有特点。其中，北齐后主是荒唐，北周宣帝是暴虐，陈后主则是文弱。陈后主的文弱体现在三大方面，在历史上备受指责。

第一个方面是重用没有政治经验的文士。陈后主自己是个诗人、书法家，他眼里的人才，也都是和他一样的人。

当时，江南有一个著名的才子叫江总，很入他的法眼。此人从小就喜欢读书，家里有几千卷藏书，他“昼夜寻读，未尝辍手”，十七八岁就蜚声江南，好多五六十岁的老文豪都争着跟他当忘年交。陈后主觉得这样的人才难得，就任命他当了宰相。

问题是，江总虽然读书好、诗文好，但并没有什么施政经验。不过幸好陈后主也不要他打理政务，他的最重要职责就是陪皇帝饮酒赋诗。

饮酒赋诗可是江总的本行，完成起来当然容易。江总每天就纠集十几个文士，到后宫来陪侍陈后主。朝廷的才子组团来了，皇帝也不能逊色，于是，陈后主就在后宫挖掘出十几个才色双全的宫女，封为女学士，和江总他们对垒。

要知道，中国古代讲究男女授受不亲，特别是皇帝的后宫，更是戒备森严。但是，到陈后主这里，妃嫔也好，女学士也好，男学士也好，都混杂在一起，猜拳行令，赠答唱和，往往通宵达旦，一点规矩都没有。其中，有一个叫孔范的大臣还跟孔贵妃拜了干兄妹，真是乌烟瘴气。

单写诗没意思。陈后主下令，谁的诗写得好，就马上配上曲子，组织宫女排练演唱。其中，最著名的曲子就是陈后主亲自作词的《玉树后庭花》了："丽宇芳林对高阁，新妆艳质本倾城。映户凝娇乍不进，出帷含态笑相迎。妖姬脸似花含露，玉树流光照后庭……"

诗是写美人的，内容就是一件事，美人真美。怎么美呢？美人的脸像带着露水的花朵一样娇艳，她的身材像临风的玉树一样婀娜。这就是典型的宫体诗，辞藻华丽，内容空洞。

从陈后主这首代表作就可以知道，江总他们写的诗是什么样子了。宰相和大臣不想怎么治国，就会到后宫写艳情诗，一般人当然看不惯，管江总他们叫"狎客"。如果这帮家伙只知道帮闲也就罢了，问题是，他们还并不安分，总想揽权。

孔范对陈后主说：“外间诸将，起自行伍，统不过一匹夫敌，若望他有深见远虑，怎能及此？”外面带兵的那些武将，都是行伍出身，只有匹夫之勇，哪里有什么深谋远虑，怎么能事事都听他们的呢？

陈后主一听，觉得挺有道理，压制武将，历来符合君主集权的大方向，所以立刻欣然接受，从此之后，只要陈朝将士稍有过失，陈后主就会下诏夺去他们手下兵马，分给孔范等文士去指挥。这样固然不用担心武将造反了，问题是，整个朝廷的文武大权就交到了一帮只会吟风弄月的人手里，这对国防安全而言非常危险。

第二个方面是宠幸女色。陈后主的皇后姓沈，是个有才学，又很端庄的女性。这样的人当然和风流的陈后主不投缘，所以，陈后主很快就把沈皇后丢到了一边。

那么，他宠幸谁呢？在历史上留下名字的有龚贵妃、孔贵妃等一干人，但最著名的还是张贵妃。

此人名叫张丽华，本来是兵家之女，父兄都以织席为业。张丽华虽然出身低微，但是，却生得风神秀朗、顾盼神飞，是陈后主后宫中的第一号得意之人。张丽华为什么这么得宠？因为她有三大优点，无人能及。

第一，她漂亮。张丽华可是中国历史上著名的美人。著名的美人总是各有特点，赵飞燕美在瘦，杨贵妃美在肥，而张丽华最美的是头发。据史书记载，张丽华发长七尺，比身高还要长，而且黑亮如漆，光可鉴人。临窗梳妆，宛若神仙。

第二，她不嫉妒。要知道，古代后宫竞争压力大，所以，一般的妃嫔嫉妒心都极强。但是，张丽华与众不同。她不仅不嫉妒，而且还经常把身边的妃嫔、宫女推荐给陈后主，所以，在后宫人缘极好，甚至达到了“竞言其善”的程度。这当然也是陈后主眼里的加分项目。

第三，她聪明。又漂亮又善解人意已经难得了，何况张丽华还善于处理政事。陈后主懒于上朝，百官奏事都由宦官代为转达，陈后主就抱着张丽华，坐在软椅上听政。宦官文化程度不高，表达起来常常颠三倒四，这时候，张丽华就帮他们厘清思路，而且还能融会贯通，把事情的前因后果都跟陈后主说得明明白白。有这样的红颜知己，陈后主真是夫复何求，朝廷里的大事小情都和张丽华一起决策，对张丽华言听计从。张丽华也就借此招权纳贿，无所不为。

问题是，这样一来，皇帝轻松了，国家可就倒霉了。本来，国家大事应该由宰相和皇帝来思考处置，现在，宰相是个狎客，皇帝是个浪荡子，谁都不把朝政放在心上，整个国家就处于一种失控的状态了。

第三个方面是奢侈享乐。陈后主是个风雅的人。风雅往前走一步，往往就和奢侈联系在一起了。

他上台没多久，就大肆兴修楼堂馆所。其中，最为标志性的就是临春、结绮、望仙三座高阁。

这三座高阁是陈后主在后宫之中为自己和爱妃修的私家花园，陈后主自己住在临春阁，张贵妃住在结绮阁，龚贵妃和孔贵妃两个人住在望仙阁，三座楼都用回廊连在一起，往来方便。每个高阁都高达数十丈，阁下垒石为山，引水为池，门窗栏杆全是檀香木做的，装饰着金玉珠翠，微风吹来，香飘数里。皇帝和爱妃往楼上一站，衣袂飘飘，简直是神仙一流的人物。

问题是，过这样的日子得要多少银钱才行！怎么才能敛财？这时候，陈朝历史上几个著名的佞臣，施文庆、沈客卿等就派上用场了。这些人统统出身寒门，受经典教育的程度不够，缺乏政治理想，但是，他们办事能力很强，在朝廷中没有什么依靠，只能尽力投靠陈后主，迎合他的所思所想。

现在，皇帝需要钱花，这些能干的宠臣一点都不为难，直接增加税收项目，加大税收额度。就这样，各种各样的苛捐杂税层出不穷，老百姓苦不堪言。税收问题是关系全民的大问题，这个方面一动，乱的可就不光是朝廷，还有整个社会。

有这样三大方面的问题，就可以断定，陈后主虽然在历史上以文采风流著称，但要论政治能力，则确实是个昏君，根本不是隋文帝的对手。

既然如此，为什么隋朝建立之后没有先进行统一战争？事实上，隋朝建立之初，确实曾经考虑优先攻打陈朝，而且还调兵遣将，做了很多准备。问题是，当时隋朝的北边还有突厥，从开皇二年（582）开始，突厥就大举入侵，隋文帝没有能力两面作战，也不想腹背受敌，这才放弃先南后北的计划，改为先解决突厥问题。

二、战争准备

不过，虽然隋朝并没有急着打陈朝，但这几年来，隋文帝也没闲着，一直做着战争的准备。主要有三方面的准备内容。

首先是麻痹敌人。隋文帝一上台，就赶紧派出使臣，主动去陈朝示好。而且，每次派出使臣，还要特意嘱咐他们，要有涵养，“勿以言辞相折”。也就是说，不要占嘴头上的便宜。

隋文帝自己做出表率了。使者通好，要带上皇帝的信，隋文帝给陈叔宝写信，署名是“杨坚顿首”。顿首就是磕头的意思，是古代一种非常客气的说法。

要知道，从领土来说，隋朝比陈朝大，从军事力量来说，隋朝也比陈朝强。一个这么强大的对手，居然对自己如此客气，如果是个精明的皇帝，早就提高警惕了。另外，按照一般做人的道理，人敬我一尺，我敬人一丈，如果是个厚道的皇帝，也会礼尚往来。可是，陈后主既不精明，也不厚道，他马上就被麻痹住了，还以为隋文帝真怕他，既没有提高警惕，也没有做到基本的礼貌，反倒妄自尊大起来，回信相当无礼。

他说："想彼统内如宜，此宇宙清泰。"我统辖的宇宙非常清静太平，你那块地盘也还不错吧？这样自不量力，难道不会激怒对方吗？隋文帝拿着这封信遍示群臣，让大臣们都记住这个耻辱，但是照样客客气气地回信、派使节。这就叫卑辞厚礼。光卑辞厚礼还不算，隋文帝还发布通令，再也不招降纳叛了。

本来，南北朝对立，彼此互挖墙脚的事司空见惯。但是，隋文帝说了，现在隋陈睦邻友好，所以，陈朝的文臣也好，武将也好，再要投诚隋朝，一律不接受。有了卑辞厚礼和拒绝投诚这两种表态，隋文帝的和平诚意似乎相当明显。陈后主本来就无心国事，现在更加放心了，再也不做什么战争准备，开始安心花天酒地。这样一来，隋文帝的目的也就达到了。

其次是消耗对手。在这个问题上，宰相高颎出了一个好主意。他说："江北地寒，田收差晚，江南土热，水田早熟。量彼收积之际，微征士马，声言掩袭。彼必屯兵御守，足得废其农时。彼既聚兵，我便解甲，再三若此，贼以为常。后更集兵，彼必不信，犹豫之顷，我乃济师，登陆而战，兵气益倍。又江南土薄，舍多竹茅，所有储积，皆非地窖。密遣行人，因风纵火，待彼修立，复更烧之。不出数年，自可财力俱尽。”

什么意思？这条计策其实包含两方面的内容。

第一，消耗对方的财力。具体来说，就是到江南的庄稼即将收割的时候，就征调士兵，做出一副要打仗的样子。陈朝那边肯定要坚壁清野，准备迎战，这样一来，庄稼就没法收割，只能糟蹋在田里。

另外，当时江北地区主要是土坯房，而江南则主要是竹楼、木楼。竹木结构的房子容易着火，所以要多派一些间谍到江南去，趁人不备就放火，一烧就是一片。而且要经常去，修好了再去烧。

这样慢慢消耗陈朝的财力。他们没钱了，这仗也就不好打了。

第二，消磨对方的精力。怎么消磨？和消耗财力放在一起进行。前面讲过，每到江南快要收割庄稼的时候，隋朝就假装集结兵力，等到江南那边也把军队都调动起来，隋朝这边就解散，让对方白忙活一场。

这样反复几次之后，南方的陈朝就会觉得，北方就是在虚张声势，玩狼来了的游戏，当然也就放松警惕了，等以后真的狼来了，他们肯定措手不及。

隋文帝一听，妙计啊，赶紧依计而行，果然，陈朝的军队和百姓都被搞得疲敝不堪。

再次，调兵遣将。高颎不是有谋略吗？开皇初年，隋文帝刚一上台，就问高颎，谁可以经略江淮地区。高颎马上给隋文帝推荐了两个人。一个叫贺若弼，另一个叫韩擒虎。

贺若弼出身武将世家，而且博览群书，是个文武双全的人物。他的父亲贺若敦是北周著名战将，临死前对贺若弼说："吾必欲平江南，然此心不果，汝当成吾志。"我立志要平定江南，但是此生做不到了，你一定要继承我的志向啊。贺若弼把老爸的话牢记心头，念念不忘要平定江南。

开皇元年（581），隋文帝任命贺若弼为吴州总管，镇守广陵（今扬州西北）。得遂夙愿，贺若弼相当激动，他给寿州总管，同时也是自己的好朋友源雄赋诗一首，题为《遗源雄诗》："交河骠骑幕，合浦伏波营。勿使麒麟上，无我二人名"。表示要向汉朝的名将霍去病和马援学习，建功立业。

再看韩擒虎。此人原名韩擒豹，一听就是个威猛之人。事实上，在民间传说里，擒虎、擒豹都还算不了什么，韩擒虎干脆就是主管人间生死的阎罗王。不过，此人虽然威猛，但跟贺若弼一样，也喜欢读书。同样是在开皇元年（581），隋文帝派他当庐州（今安徽合肥）总管，经略江南。

隋文帝为什么任用这样两个人？很明显，这两个人不仅有勇，而且有谋，不是一味蛮干的将领。隋文帝已经决定先打突厥，再打陈朝，为此还卑辞厚礼，迷惑陈叔宝，在这种情况下，派两个有智谋的将领坐镇前方，既能扎实推进工作，又能领会皇帝的意图，不会孟浪作战，打乱国家的整体安排。这就是隋文帝和高颎的独到眼光。

就这样，在对抗突厥的同时，隋朝已经悄悄地进行平陈战争的准备了。开皇四年（584），隋朝基本解除了突厥的威胁，马上，平陈就被提上了议事日程。

三、导火索

可是，毕竟和陈朝和平友好的口号已经喊了好几年，现在要开战，总得有个理由。怎么找这个理由？隋文帝利用了一个傀儡政权——后梁。

当初南朝分成了宋、齐、梁、陈四个朝代。梁朝灭亡的时候，有一个皇孙逃到了湖北江陵，投靠西魏，建立了一个傀儡政权，史称后梁。后来，西魏变成北周，北周变成隋朝，后梁的地位不变，始终是个傀儡政权。国土面积不过方圆四百里，人口也才十几万。有道是人在屋檐下，怎敢不低头。后梁自己没有实力，对隋朝一直非常恭顺，隋文帝对后梁也很客气，还给自己的二儿子晋王杨广，也就是后来的隋炀帝，娶了后梁的公主当王妃，此人就是后来的萧皇后。

然而，卧榻之侧岂容他人鼾睡，现在隋文帝决心统一天下，连陈朝都准备打了，怎么能允许后梁再存在下去？所以，就在开皇七年（587）八月，隋文帝忽然下令，征后梁国主，也就是杨广的大舅子萧琮入朝。萧琮哪敢怠慢，赶紧率领文武大臣出发了。结果，这些人一到长安，就直接被扣押，与此同时，隋文帝还派崔弘度率部进驻江陵，稳定局势。

这个崔弘度，就是北周末年尉迟迥叛乱的时候，最终逼死尉迟迥的那位将军，在隋朝也算威名赫赫。后梁的百姓一听说崔弘度来当接收大员，可吓坏了。

因为崔弘度不仅是一个能打仗的将军，还是个著名的酷吏，以残酷著称。举一个例子。崔弘度有一次吃甲鱼，旁边有八九个小吏伺候。吃着吃着，崔弘度就一个一个地问身边的小吏，这个甲鱼味道好不好？小吏都说，味道很好。

八九个人都问完了，崔弘度勃然大怒，说，你们根本没吃，怎么能知道好不好吃，可见欺诈成性，每个人重打八十大板！

就这样，严酷的名声建立起来了，民间还有个顺口溜："宁饮三升酢，不见崔弘度。""酢"就是醋，老百姓宁可喝三升醋，也不愿意见到崔弘度。有多怕他，可想而知。

后梁一直属于南朝风范，统治比较宽松，人民自由惯了，现在让这样的人来接收江陵，江陵百姓能不怕吗？

怎么办？既然当时陈隋对立，江陵百姓干脆投降了陈朝。陈后主是个好大喜功之人，一看有这么多人投奔自己，如同穷鸟入怀，正好彰显自己是有道明君，拥有万方来朝的风范，焉有不接纳之理！马上派人接应，把江陵的十万百姓接到了陈朝。

问题是，这样一来，蓄谋已久的隋文帝可找到理由了，咱们隋陈两国号称友好邻邦，所以，我也从来不从你那边招降纳叛，如今，你怎么敢随便接收我这边的叛臣！在这种情况下，隋文帝马上表态了。他说："我为民父母，岂可限一衣带水不拯之乎！"我是老百姓的父母，怎么能让如一条衣带那样狭窄的水域阻挡我统一的脚步！

但是，尽管陈叔宝昏庸，尽管隋朝此前已经做了大量的准备工作，尽管陈朝招降纳叛，隋朝师出有名，尽管隋文帝已经表态要吊民伐罪，但这句狠话放出去之后，隋文帝并没有立刻开始对陈朝用兵。

为什么？他也有顾虑。毕竟，南北分裂已经近三百年了，统一不是一件容易的事。南朝经济文化的发展程度都很高，水军也有几十万之众，综合国力并不弱。而隋朝虽然地广人多，军队也算百炼成钢，但是，毕竟并不擅长水战。万一打不好怎么办?

当年，十六国时期，前秦的苻坚统一北方之后，也是雄心勃勃地想要南征。他集结了八十万军队，号称只要把马鞭子都扔在江里，长江就会断流，结果淝水之战，被东晋打得惨败，强大的前秦政权也因此灭亡，只留下了“风声鹤唳，草木皆兵”的成语。这是多么惨痛的教训！现在讨伐陈朝，万一有个闪失，会不会也断送隋朝已经取得的大好局面?

就在隋文帝心怀犹豫的情况下，大臣们可坐不住了。纷纷献计献策，表达决心。其中，有两个大臣的意见非常重要、非常有代表性。

第一个叫皇甫绩。此人即将到晋州当刺史，临行之前，他对隋文帝说，陛下伐陈一定会成功。为什么呢？他给了隋文帝三个理由：“大吞小，一也；以有道伐无道，二也；纳叛臣萧岩，于我有词，三也。陛下若命鹰扬之将，臣请预戎行，展丝发之效！”

第一，隋大陈小，这是比实力。

第二，隋朝的皇帝有道，陈朝的皇帝无道，这是比政治能力和政治道德。

第三，陈朝接纳后梁的叛臣，这叫师出有名，这是比战争的合法性。

隋朝在这三方面都占优势，还能不成功吗？

第二个大臣是薛道衡。此人是个著名的文学家，本来并不以谋略见长。但是，面对平陈这个问题，薛道衡也是信心满满。他说：“凡论大事成败，先须以至理断之。《禹贡》所载九州，本是王者封域，南北分裂已久，战争不息，否终斯泰，以运数言之，其必克一也；有德者昌，无德者亡，自古兴亡，皆由此道，我隋主上躬履恭俭，忧势庶政，陈叔宝峻宇雕墙，酣酒荒色，其必克二也；为国之体在于用人，陈重用小人，命将非才，其必克三也；陈甲士不过十万，西至巫峡，东至沧海，分之则势悬而力弱，聚之则守此而失彼，其必克四也。”什么意思？他给了四个理由。

第一，统一是人心所向，大势所趋。现在已经到了统一的时候了，这是天意。

第二，隋文帝有道，陈后主无道，以有道伐无道，必定胜利，这是人心。

第三，陈朝重用小人，命将非才，难以组织有效抵抗。

第四，陈朝的防线过于漫长，兵力不够，肯定顾此失彼。

有这样四个有利条件，隋朝肯定没问题！

听了大臣们的意见，隋文帝终于踏实下来了。这不见得是因为他没有想到这些问题，而是因为他从这些慷慨激昂的献计献策中看到了民心。这两个提出意见的大臣既非武将，也非重要的谋士，其实代表着普通官员的判断和心声。当年苻坚未能打败东晋，很重要的原因就是内部不统一，因此，在作战的时候也离心离德。而现在，普通大臣都对胜利充满信心，这就说明，举朝上下在认识上是一致的。团结就是力量，这样的团结之师，岂有不胜之理！

就这样，开皇八年（588）三月，隋文帝下诏说："陈叔宝据手掌之地，恣溪壑之欲，劫夺闾阎，资产俱竭，驱逼内外，劳役弗已；穷奢极侈，俾昼作夜；斩直言之客，灭无罪之家；欺天造恶，祭鬼求恩；盛粉黛而执干戈，曳罗绮而呼警跸；自古昏乱，罕或能比。君子潜逃，小人得志。天灾地孽，物怪人妖。衣冠钳口，道路以目。重以背德违言，摇荡疆场；昼伏夜游，鼠窃狗盗。天之所覆，无非朕臣，每关听览，有怀伤恻。可出师授律，应机诛殄；在斯一举，永清吴越。"简而言之，陈叔宝失德，我要吊民伐罪了！

这道诏书一出，也就算正式对陈宣战了。那么，这场精心准备的统一战争能否顺利？

第十六章
统一天下

在大隋王朝建立八年之后，隋文帝发布诏书，讨伐陈朝，准备一统天下。但此时南北分隔已经将近三百年，统一绝非一纸诏书就能解决的问题，它还需要真刀真枪地拼杀，而当时的陈朝也算是国富兵强，且有长江天堑作为天然屏障。并不擅长水战的隋朝将士将如何实施战争方略？过程是否顺利？结果又是怎样？

一、兵分三路

开皇八年（588）三月，隋文帝颁布诏书，吊民伐罪，讨伐陈朝。可他到底要怎么打这场仗呢？有一个叫崔仲方的谋臣给隋文帝出了一个好主意。他说："今唯须武昌已下，蕲、和、滁、方、吴、海等州更帖精兵，密营渡计。益、信、襄、荆、基、郢等州速造舟楫，多张形势，为水战之具。蜀、汉二江，是其上流，水路冲要，必争之所。贼虽于流头、荆门、延州、公安、巴陵、隐矶、夏首、蕲口、盆城置船，然终聚汉口、峡口，以水战大决。若贼必以上流有军，令精兵赴援者，下流诸将即须择便横渡。如拥众自卫，上江水军鼓行以前。虽恃九江五湖之险，非德无以为固，徒有三吴、百越之兵，无恩不能自立。"隋陈之间隔着长江天堑，因此，所谓统一，其实就是如何突破长江的问题。在长江中上游地区，有两个点是兵家必争之地，一个是三峡的峡口，另一个是汉口。针对这两个关键点，崔仲方建议隋朝在长江中游的武昌地区增派精兵，同时在位于上游的蜀地建造舟船，大造声势。如果陈朝担心上游和中游地区的安全，派精锐部队来布防，那隋军就可在下游乘机横渡长江；如果陈朝固守下游核心地区，那隋军就从上游及中游顺流而下。简单来讲，就是上、中、下游互相配合——上游牵制，下游突破。

这个策略其实正是三百年前西晋灭吴的故技，现在，崔仲方把它献给隋文帝了。

隋文帝对这个方略非常赞赏，马上就根据这个方略部署军队。

隋文帝总共调集了五十一万多人的兵力，把他们分成三个集团军。

第一集团军由隋文帝的二儿子晋王杨广担任行军元帅，下设四路大军，负责长江下游作战，重点突破陈朝的首都建康，也就是现在的南京。

第二集团军由隋文帝的三儿子秦王杨俊担任行军元帅，下设三路大军，负责长江中游作战，重点突破汉口。

第三集团军由清河公杨素担任行军元帅，下设两路大军，负责长江上游的作战，重点突破三峡的峡口。

在三支大军中，第二、第三集团军是策应部队，共同任务是吸引敌人视线，牵制敌人兵力；而第一集团军则是主力部队，任务是直捣陈朝的首都建康，结束陈朝的统治。

其中，第二、三军团主要由秦王杨俊负责，而整个三大军团的总负责人则是晋王杨广。很明显，这次战争是要一统天下，也是为杨家打江山，所以，杨坚当然要把自己的儿子放在突出地位。

杨广和杨俊是杨坚的儿子，那杨素又是何许人？他有何德何能，能够和皇子站在同样的位置上？

杨素可是隋朝历史上一位非常著名的人物。此人出身弘农杨氏，长得高大威猛，长髯飘飘，很有英雄气概。不过，杨素可不是只会打仗的草莽英雄，他精研诗书，擅长书法，还兼通占卜术，是个难得的文武双全的人。

北周的时候，杨素替武帝起草诏书，下笔成章，武帝赞赏不已，就说："善自勉之，勿忧不富贵。"意思是说，小伙子，好好干，以后会有富贵等着你。这已经是很高的评价了，一般人都会觉得受宠若惊。没想到，杨素却应声答道："臣但恐富贵来逼臣，臣无心图富贵。"我倒不想要富贵，只怕富贵追着来找我。大话说到这种程度，真令人叹为观止。这才叫风流倜傥，落拓不羁。有这样的才干，再有这样的性格，一看就是干大事的人。可惜，到了隋朝开皇四年（584），杨素却狠狠地栽了一个跟头。

杨素的夫人郑氏是个著名的悍妇，杨素一辈子连皇帝都不怕，就是怕夫人。有一次，杨素被夫人欺负得实在忍不住了，就愤愤然说了一句："我若作天子，卿定不堪为皇后！"这样公然反抗夫人的权威，郑夫人哪能饶得了他！立马就向朝廷举报，说杨素想当皇帝。这是谋反罪啊，按照法律，谋反是要杀头的。当然，隋文帝也知道他们夫妻是怎么回事，内心也挺同情杨素，所以并没有严厉追究，只是把杨素免官了事。

开皇四年（584）对突厥的战争基本结束，朝廷的中心工作也已经转移到平定江南上来。杨素既然免官，就整天在家琢磨平陈的方略，几次向隋文帝上书，献平陈策。隋文帝也知道，杨素是个难得的人才，赋闲在家太可惜了，于是，就重新起用他担任信州总管，驻扎在四川的奉节，经营长江上游。

杨素到任之后，马上积极备战，修造大船。船大到什么程度？最大的一种叫五牙，据说高达一百多尺，船面上起五层楼，能够容纳八百士兵。船的前后左右设有六个拍杆，所谓拍杆就是投石头的杠杆，相当于六门大炮，论起作战能力，简直就是古代的航母。而且，造船的时候特意搞得声势浩大，吸引足了陈朝军队的眼球。

这不正符合隋文帝的战略部署吗？所以，隋文帝对杨素相当看好，虽然不是自己的儿子，但也委以重任，让他担任一个集团军的司令了。

事实证明，隋文帝一点也没看走眼，平陈战争的第一战正是由杨素打响的。

开皇八年（588）十二月，秦王杨俊率领十万大军进驻汉口，做出一副要从武昌渡江的样子，陈朝赶紧调动驻扎在三峡口的数万军队援助武昌，这样一来，上游三峡就兵力空虚了。陈朝军队一调动，杨素率领的第三集团军就马上下水了，浩浩荡荡，顺流而下。可是，到了三峡的流头滩（今湖北宜昌西北），船走不过去了。陈朝的一个大将率领几千士兵扼守在前方的狼尾滩上。狼尾滩在长江水路的中间，水流湍急，不利于隋朝的大船发挥作用。怎么办？杨素是个聪明人，他没有硬攻，而是搞了一个水陆并进的夜间突袭。

陈朝的士兵固然擅长水战，但是到夜里，还有相当多的战士在岸上扎营休息。只要他们在陆地上，隋朝的军队就可以发挥优势了。就在当天晚上，趁着月黑风高，杨素组织三支军队衔枚出发了。一支是水军，由他亲自率领，登陆狼尾滩，实施突袭；另外两支则是陆军，从南北两岸进攻陈军在长江两岸的军营。

陈军的将士们睡得正香，一下子被打了个措手不及，稀里糊涂就成了杨素的俘虏。就这样，狼尾滩战役首战告捷。

狼尾滩大捷对隋朝的意义太大了。中国历来讲南船北马，北方士兵就怵水战，对渡江作战信心不足。现在狼尾滩战役一打赢，等于给隋朝的士兵打了一剂强心针。谁说我们不能打水战？士气一下就高涨起来。

突破了狼尾滩，杨素的军队就出了三峡，长江的水面开阔起来，杨素苦心经营的大船也能施展开了。一时间，长江江面“舟舻被江，旌甲曜日”。杨素坐在五牙战船的船头，衣袂飘飘，威风凛凛。陈朝人一看这样的气派，都纷纷议论：这哪是人，这分明是江神啊。所到之处，望风投降。

就这样，杨素顺利地和中游的杨俊会合，牢牢地牵制住了陈朝布置在长江中上游的十几万大军，完成了既定的战略部署。

二、直捣黄龙

上游的牵制工作已经完成，该看下游的了。下游是隋军的主力，负责直捣陈朝首都建康，由晋王杨广亲自率领。这可是整个战争的重中之重。当时，杨广才二十岁，难以独当一面，隋文帝还特意安排久经考验的宰相高颎给他当元帅长史，全面负责前敌指挥。那么，他们这边的情况怎么样？

下游的局面比上游还顺。因为陈后主亲自“照顾”他们，给他们送上了一个千载难逢的大礼包。

前面说过，开皇七年（587），后梁的宗室带领十万百姓投奔陈朝。这可是一支不小的力量。陈后主对这些人难免有些不放心，总想震慑一下他们。怎么震慑？按照惯例，新春要举行大朝会，陈后主就决定，在新春朝会的时候搞个阅兵式，向这帮降将展示一下武力，让他们看看自己兵有多多，将有多广，以防他们生出二心。

问题是，光靠首都卫戍部队营造不出千军万马的场面。为装门面，陈后主下令把江州（今江西九江）以东的水军全部调往首都。这意味着整个下游江面上连一艘巡逻艇都没有，这可太危险了！陈朝当然不乏明白人，很多大臣议论纷纷，说现在隋朝军队大军压境，恐怕来者不善。请陛下不要孟浪，要加强重点地区的重点防守。

可是，陈后主是个昏君，这些意见一提出来，马上就被他否决了。他说："王气在此。齐兵三来，周师再来，无不摧败，彼何为者耶！"我们江南有王者之气，老天会保佑我们的。当年北齐三次进犯，北周也两次兴兵，都没能把我们怎么样。难道隋朝就能比他们强？既然天命在此，加强防守干什么？那岂不是对隋朝示弱？

陈后主这番胡话已经够雷人的了，偏偏还有人帮腔。谁呢？孔范。就是认了陈后主的爱妃孔贵妃做干妹妹的那位狎客。孔范说："长江天堑，古以为限隔南北，今日虏军岂能飞渡耶！边将欲作功劳，妄言事急。臣每患官卑，虏若渡江，臣定做太尉公矣！"老天安排这样一道长江，就是为了隔绝南北的，所以我们根本不用担心北方人打过来。所谓江防紧张，不过是沿江守卫的将领们想要立功，所以来吓唬陛下的小伎俩罢了！而且，我正嫌自己官小，如果他们真的打过来，就让我替陛下把他们打回去吧，那时候，陛下可别忘了封我做太尉哦。总之一句话，我们不怕！

就这样，眼看着隋朝大军压境，陈朝的江防居然前所未有地松弛，这真是千载难逢的大礼包。有道是，“天予不取，反受其咎”。杨广和高颎可不是陈后主那样的糊涂人，他们马上决定，利用春节陈朝军队防守空虚这个有利时机，跟陈叔宝决一死战。

开皇九年（589）正月初一，天降大雾。这雾又酸又辣，直呛鼻子。陈后主喝得烂醉，一直睡到下午才醒过来。就在陈后主做梦的时候，杨广的军队已经在大雾的掩护下开始渡江了。

杨广军团下分四路大军。按照杨广和高颎的部署，中路军由杨广亲自坐镇，直扑长江北岸的六合镇桃叶渡，和建康隔江对峙。还有一路走海路，从东海南下，直扑吴郡，就是现在的浙江，从东南方向包抄建康。另外两路则作为先头部队，率先渡江。这两路的统帅是谁？就是隋文帝早就安排好的两员猛将，贺若弼和韩擒虎。其中，贺若弼在东边，从扬州渡江；而韩擒虎在西边，从庐江渡江。

长江自古号称天堑，他们要怎么过去？

先看贺若弼，他直接来到江边，坐上船大摇大摆就过来了。

江对岸的陈朝守军怎么不管？因为他们被贺若弼骗了。贺若弼长期驻防扬州，以前每次军队换防的时候，贺若弼都把队伍拉到江边，大张旗鼓，做出一副要渡江的样子。开始陈朝军队很紧张，赶紧严阵以待。没想到，热闹一阵子，也就消停了，再一打听，原来只是换防而已。久而久之，陈朝的军队再看见贺若弼在江边集结部队，就直接认定是换防，根本不去管。这也正是贺若弼想达到的目的。这次，他又大张旗鼓地来到江边，陈朝的士兵还是不当一回事，该喝酒喝酒，该赌博赌博，于是，贺若弼开出事先准备好的战船，率领一万二千大军，在大雾掩映下直接过江而来。

再看韩擒虎，他就更顺了。他是大年三十夜里渡江的，江对岸的陈朝守军正过除夕，一个个喝得烂醉，韩擒虎率领五百人，神不知鬼不觉地就摸过来了。可笑长江天堑，竟没让两支军队损失一兵一卒。

就这样，开皇九年（589）大年初一，贺若弼和韩擒虎这两把尖刀已经一东一西，插在了建康城的两边。现在，他们的任务就是逐步向建康城推进，然后等待主力部队过江，一起合围建康城了。

按说，就算过江顺利，到了陈朝的地盘上，总要打几场恶战。可是，就在这种情况下，更意想不到的情况出现了。

贺若弼和韩擒虎的先头部队都推进得出奇地顺利，简直如入无人之境，根本没遇到什么抵抗。怎么会出现这种情况？说到底还是因为陈后主君臣决策失误所致。

要知道，陈后主最不信任的就是武将了，唯恐武将乘机扩大权力。所以，虽然战火已经烧到自家门内，把陈后主吓得直哭，但是一旦武将请战，他还是畏首畏尾，就是不肯真正给武将权力。

这边畏首畏尾，迟迟不调兵遣将，可把贺若弼和韩擒虎两位将军高兴坏了。他们赶紧扩大战果，一路势如破竹，向建康推进。隋朝的战斗檄文说要吊民伐罪，两位将军在军纪方面也下足了功夫。对自己的士兵严格要求，哪怕喝老百姓一壶酒也要处死，而抓到俘虏，则是宽大为怀，既不杀头，也不收编，还奉送路费，让他们带上隋朝的宣传品回家。江南的军民一看，这是仁义之师啊，便纷纷主动投降。这样一来，部队推进的速度就更快了，到了正月十七，贺若弼和韩擒虎已经从东西两个方向把建康城包围了。

眼看兵临城下，陈后主终于意识到，应该听听将军们的意见了。当时，陈后主的身边最重要的将军有两位，一个是萧摩诃，另一个则是任忠。两人都是久经沙场的老将，手中的军队加起来不少于十万人。这两个人中，萧摩诃是积极主战派，任忠则不是。

任忠献计说：“兵法：客贵速战，主贵持重。今国家足食足兵，宜固守台城，缘淮立栅，北军虽来，勿与交战；分兵断江路，无令彼信得通。给臣精兵一万，金翅三百艘，下江径掩六合，彼大军必谓其度江将士已被俘获，自然挫气。淮南土人与臣旧相知悉，今闻臣往，必皆景从。臣复扬声欲往徐州，断彼归路，则诸军不击自去。待春水既涨，上江周罗睺等众军必沿流赴援，此良策也。”

任忠这番献计，有四个意思。

第一，我们主场作战，应该老成持重，坚壁清野，不要轻易和这两支军队交战。

第二，给我一万精兵，我直接渡江去打杨广的主力，他们看到我们的军队，肯定以为自己的先遣部队已经被我们吃掉了，士气就会受影响。

第三，我到淮南去制造谣言，声称自己要进攻徐州，徐州是南北往来必经之路，他们怕我们截断归路，很可能慌不择路地往回跑。

第四，在解了燃眉之急后，我们再静等长江中游的军队来救援。

任忠这个方略非常好。既老成持重，又不乏开拓进取，可以说是一个积极的防守策略。

问题是，萧摩诃是主战派。两个将军意见不一致，陈后主也不知道该听谁的。回去想了一夜，第二天，终于表态了。他说："兵久不决，令人腹烦，可呼萧郎一出击之。"仗打了这么久还没打完，我都心烦了，要不，让萧郎跟他们打一场吧。这就等于认可了萧摩诃的意见。

任忠一听，赶紧叩头苦谏，说，要是早几天他们刚过江的时候打也就罢了，现在他们兵临城下，不是打的时候啊。正在这时候，旁边孔范说话了：怎么叫不是时候？只要打，保证赢，而且，我们还要一直打到北方去！这不是痴人说梦吗？可陈后主就爱听这样的恭维话，当即下令，让萧摩诃领军出战。

就这样，正月二十日，集结在国都的十万陈军倾巢出动，由萧摩诃总领，要和东边的贺若弼决战了。

贺若弼当时有多少人？八千。明显是寡不敌众。所以，远在六合的总指挥杨广发来指令，让贺若弼坚守，等待主力渡江，然后一起进攻。

可是，贺若弼登上钟山一看，马上改主意了。陈朝的十万军队居然摆开了“一”字长蛇阵，南北长达二十里，首尾不能兼顾，完全可以找一个薄弱环节突破。

有道是将在外，君令有所不受，贺若弼当即决定，不等主力部队了，直接打！

事实证明，贺若弼轻敌了。陈朝虽然皇帝昏聩，但军队还是有一定战斗力的。特别是前锋鲁广达部，打得相当顽强。没一会儿工夫，就杀死了两三百隋军。

贺若弼手下一共才八千人，牺牲不起。怎么办？只好在阵前放火，借助烟火的掩护往后撤。这时候，如果陈朝的军队穷追不舍，贺若弼真是形势危急。可是，就在这危急时刻，又有一件意想不到的事情发生了。

陈朝的军队一看贺若弼往后撤，也不去追，纷纷停下来争抢死去隋军的人头。他们为什么要这么做？原来陈军出发之前，陈后主发话，谁要是割下敌军首级，必有重赏！陈朝军纪不严，利欲熏心，所以兵士都不乘胜追击，而是忙着跑回去领赏了。

这样，贺若弼终于缓过一口气来，重整旗鼓，回头反击。这次，他知道厉害了。再不跟鲁广达的军队交战，而是率军直奔孔范的队伍。孔范牛皮吹得比谁都厉害，可他一看见隋军过来，怪叫一声，纵马就跑。他这么一跑，整个长蛇阵可就乱了套。各部士兵都四下逃命，打死的、踩死的多达五千人，连总指挥萧摩诃也被活捉了。

萧摩诃也是陈朝数一数二的人物，他这是怎么指挥的，怎么就被活捉了？确实，萧摩诃根本就没起到主帅的作用，不过，这倒不完全是因为他无能，而是他不愿意指挥了。

就在开战之前，萧摩诃忽然接到家人通报，他前脚走，陈后主后脚就派人把他夫人接到宫里去了，拿他夫人当人质，在古代也是常见的做法。但是，萧摩诃的夫人是个著名的美人，陈后主又是见一个爱一个的风流天子，萧摩诃觉得，夫人到了那里，恐怕就回不来了。这可太让萧摩诃伤心了，本来，打仗无非是保家卫国，现在陈后主把他的家先毁了，他这个仗还打什么？老将军干脆什么也不管了，束手就擒。

就这样，陈朝十万大军，居然败给了贺若弼的八千人马。

三、活捉陈后主

陈朝的两员大将，萧摩诃被俘，任忠哪里去了？任忠逃回建康城了。

一看见陈后主，任忠就说，陛下好自为之吧，我已经无能为力。到这时候，陈后主才真正着急了，赶紧拿出两大箱金子来，交给任忠，让他出去招募勇士。任忠看了看金子，对陈后主说，陛下收拾收拾东西，准备上船逃吧，我一定拼死护卫您。

陈后主一听，感激得眼泪都流下来了，赶紧让任忠出去安排。自己和妃嫔都穿好旅行装，在宫里坐等。可是，左等不来，右等也不来。任忠到底干什么去了？投降去了。

前面说，隋朝有两支先头部队，一支由贺若弼统率，另一支由韩擒虎统率。任忠在贺若弼这边吃了败仗，干脆找韩擒虎投降去了。而且，主动给韩擒虎当向导，领着他杀回了皇宫。

到了朱雀门，还有一些士兵想要抵抗，任忠发话了："老夫尚降，诸军何事？"我都投降了，你们还抵抗什么啊？众人一听，一哄而散。眼看着局面已经无法收拾，内城里的文武百官也顾不得什么忠孝节义，都纷纷逃走。

这时候，陈后主真是孤家寡人了，平时无时无刻不在身边奉承的狎客早就不见了踪影，只有尚书仆射袁宪一个人还陪在身边。陈叔宝看看袁宪，长叹道："朕从来待卿不胜余人，今人皆弃我去，唯卿独留……非唯朕无德，亦是江东衣冠道尽。"大意是说，我平时待你并不好，没想到最后你护卫我。其实咱们国家亡国真是应该。为什么？不光我无德，你看，咱们江南这些衣冠士人，一个个不也都没道德？大难临头各自飞了！把亡国的责任推到所谓的"江东衣冠"身上，真是死到临头都不认错。

这时候，喊杀声已经越来越近。陈后主一听，顾不得叹息，赶紧往后跑。袁宪劝他说，大军已经进来，您还能跑到哪里去？不如整齐衣冠，端坐正殿，还能保持一点尊严。

陈后主哪有这个胆量，他说，你开什么玩笑？刀剑不长眼睛，我可不敢跟大兵较劲。说完，拉上几个妃嫔，撒腿就跑。跑到哪儿去了？跑到后宫景阳殿去了。那儿有一口枯井，陈后主跑到了井边。

这时候，老宰相袁宪追了过来，和另一个官员一起，遮住井口，不让他跳。别看陈后主平时是个文弱书生，关键时刻力气可不小，南拳北腿一起上，到底把两个老大臣推开，义无反顾地跳了下去。

这边陈后主跳井，那边隋军已经进来了，到处找不到陈后主。怎么办呢？有宫女悄悄指了指那口井。井里黑，隋军也看不清里头的情况，就对着井口喊话。喊了好几句，里面都无应答。士兵威胁道：你再不说话，我可扔石头了。这时，陈后主终于说话了：别扔，我在里面呢。隋军一听，赶紧扔下一根绳子，要把他拽上来。几个精壮小伙子往上拽，一拽，不动；再一拽，还不动。小伙子们就发牢骚了，这陈朝的皇帝怎么这么沉呢？好不容易拉上来，一出井口，大家都笑了。怪不得这么沉，原来不是一个人啊。绳子的那一头，陈后主、张贵妃、孔贵嫔三个人抱成一团出来了。真是多情至死。

就这样，因为隋朝的精心准备，也因为陈后主的昏聩无能，隋朝平陈战争异乎寻常地顺利结束了，主力部队甚至都没有出动，两个偏师将军就立了大功。自此，江南三十个州，四百多个县，二百多万人口都纳入隋朝的版图，南北方在分裂三百年后终于再次实现统一。这也是中华民族继秦汉之后的第二次真正意义上的统一。

站在一千多年之后的今天回想，这次统一的意义太重大了。

首先，这是把南北朝时期分别发展的南北国土、南北民族和南北文化整合到了一起，让中华民族有了一个更广阔，也更深厚的发展空间。唐朝人在谈到南北朝经学的时候说过一句话：“**南学简约，得其精华，北学深芜，穷其枝叶。**”其实这句话不仅可以概括学术，也可以概括整个社会发展。在南北朝分裂期间，南朝就像树的主干，保持着中国文化的根本；而北朝就像大树的枝叶，把中华文化尽力地向四周发扬。现在，南北统一，树干和树枝、树叶终于长到了一起，这才是完整的中华文明之树。隋唐两朝的巨大繁荣就建立在这棵根深叶茂的大树之上。

其次，这次统一，也使得隋朝的国际地位进一步提升。经过和隋朝的战争，突厥这个老的东亚霸主已经倒下。现在，随着隋朝统一战争的结束，一个新的东亚霸主站了起来。这其实也就意味着一个以隋朝为主体的新东亚，乃至新世界秩序的建立。

那么，一个以崭新的姿态崛起的大隋王朝，还有哪些卓越的表现？